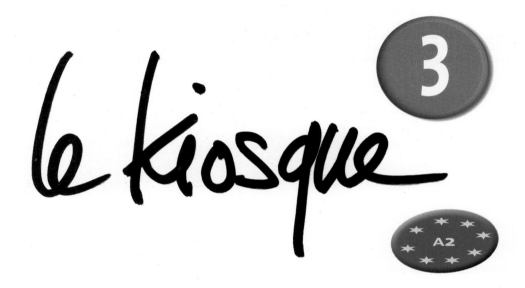

le kiosque

3

A2

MÉTHODE DE FRANÇAIS

Céline HIMBER
Charlotte RASTELLO
Fabienne GALLON

Avec la collaboration de **LAURE HUTCHINGS**

HACHETTE
Français langue étrangère
www.hachettefle.fr

D1456051

Couverture : Amarante

Conception de la maquette intérieure : Jean-Louis Menou

Mise en page : Anne-Danielle Naname

Secrétariat d'édition : Cécile Schwartz

Illustrations : Amora Doris (p. 78), Mathieu Forichon, Florence Quintin (p. 50 a et b), Yann Tisseron (histoire suivie), Denis Viougas

Cartographie : Hachette Éducation

Recherche iconographique : Magali Bru, Estelle Dhenin

Photogravure : Tin Cuadra

Photo de couverture : Getty Images

ISBN : 978-2-01-155627-1
EAN : 9782011555627
© Hachette Livre 2008, 43, quai de Grenelle, F 75905 Paris Cedex 15.
www.hachettefle.fr

Avant-propos

Le Kiosque 3 s'adresse à un public de jeunes adolescents poursuivant leur apprentissage de la langue française.
Il couvre environ 80 heures d'enseignement.

Une préparation au Nouveau DELF A2

Le Kiosque 3 a pour objectif de développer chez les élèves leur compétence à communiquer dans des situations élémentaires de la vie quotidienne tout en leur faisant découvrir différents aspects de la culture française et francophone. Les contenus linguistiques et culturels proposés suivent les recommandations du **Cadre européen commun de référence** et complètent l'acquisition du niveau A2 commencée avec *Le Kiosque 2.* Ils permettent également de se préparer au **Nouveau DELF scolaire A2 version junior.**

Une organisation modulaire par double page

Le Kiosque 3 est composé d'une unité de mise en route suivie de six unités de seize pages.
Les élèves découvrent dans ce niveau un groupe de cinq adolescents qui décident de participer à un concours dont les gagnants voyageront pendant un an, en bateau, dans différents pays de la Francophonie.
Chaque unité de la méthode correspond à une étape du concours à laquelle participent nos jeunes concurrents. Elle s'ouvre sur un « carnet de bord » présentant les objectifs à atteindre pour réussir chaque étape, ainsi que la page web des organisateurs du concours dans laquelle figurent la tâche à effectuer.
Les deux premières doubles pages présentent soit un texte oral (dialogue), soit un document écrit.

• Dans la double page *Oral* nous retrouvons l'équipe au complet en train de préparer l'étape de l'unité (recherche de documents ou d'idées, interview de passants, participation à un jeu télévisé, etc.). Elle est axée sur la compréhension et la production **orales.**

• La double page *Écrit* propose différents types de supports : une lettre, une brochure touristique, un test, une page de magazine, des énigmes et un chat. Elle est axée sur la compréhension et la production **écrites.**

• Dans chacune de ces deux doubles pages, les supports introduisent un ou deux points de grammaire et un thème lexical exploités dans des activités permettant aux élèves de découvrir par eux-mêmes les règles de fonctionnement de la langue. Par la suite, un travail plus systématique est proposé dans les deux doubles pages *Atelier Langue* qui présentent également un point de phonétique ainsi qu'un rappel thématique du lexique de l'unité.

• Une double page *Lecture* propose des documents variés (littérature, théâtre, BD, poésie...) et invite les élèves à prendre goût non seulement à la lecture de textes francophones authentiques mais aussi à l'écriture, grâce à la rubrique *Atelier d'écriture.*

• Une double page *Civilisation* richement illustrée présente un point culturel accompagné d'activités ludiques et d'activités de production grâce à la réalisation d'un *Projet.*

• Une double page *Histoire suivie* propose une histoire illustrée inédite, adaptée au niveau de langue de la méthode et proche des goûts des adolescents. Des activités variées permettent une exploitation ludique du texte.

• Une page *Fais le point*, conçue pour s'entraîner au nouveau DELF scolaire A2 version junior, clôt chaque unité et permet à l'élève d'évaluer ses acquis.

Une grande richesse d'évaluation

• Des pages **Bilan** pour retravailler régulièrement les acquis :
- pour chaque unité, une page *Fais le point* structurée par compétences sur le modèle du nouveau DELF dans le livre élève ; une page dans le cahier d'exercices, structurée par points linguistiques et notée sur 20.

• Des pages d'**auto-évaluation** pour l'élève dans le cahier d'exercices :
- toutes les deux unités, des activités à faire en autonomie, notées sur 20 ;
- à la fin de chaque unité, une rubrique *Portfolio* reprenant les objectifs du CECR niveau A2.

• Une série de **fiches tests** par unité dans le cahier d'évaluation, notées, organisées par compétences et directement utilisables en classe par le professeur.

En annexe

Sont proposés en fin d'ouvrage : un *précis grammatical*, un panorama des *actes de parole*, les *transcriptions* et un *lexique*.

Autres composants

En complément du manuel, *Le Kiosque 3* propose :
– Un **guide pédagogique** dans lequel le professeur trouvera une exploitation du manuel et du cahier d'exercices (conseils, corrigés, informations culturelles et activités complémentaires). Le guide pédagogique contient également des fiches photocopiables (*Révisions, Approfondissements, Tests*) et un *Portfolio* général.
– Un **cahier d'exercices** vivant et ludique qui suit la structure du livre de l'élève. Il offre en plus une page *Phonétique* consacrée au renforcement des différents points abordés dans chaque unité du manuel, ainsi que, toutes les deux unités, un *Projet* à réaliser avec la classe ou une page *Civilisation* et une page *Auto-évaluation* à faire en autonomie.
– Un **CD audio** pour la classe, support de toutes les activités orales symbolisées par le « picto écoute » 🎧 avec des dialogues animés et des chansons.
– Un **DVD** pour la classe.

Et maintenant, à vous de découvrir *Le Kiosque 3* **!**

Tableau des contenus

	Étape 0 **Entre copains…**	**Étape 1** **En route pour l'aventure !**	**Étape 2** **Visite guidée**
Thèmes	• Présentation des personnages de la méthode et de son fil conducteur : la participation à un concours sur la Francophonie	• Présentations ; passions et loisirs	• Description et localisation d'un lieu, d'un événement culturel
Objectifs	• Présenter et décrire quelqu'un • Poser des questions • Exprimer son enthousiasme	• Poser des questions pour s'informer • Faire une proposition • Exprimer son intérêt et son manque d'intérêt • Saluer, se présenter, présenter quelqu'un par écrit • Parler de soi, de ses goûts	• Présenter et décrire un lieu, un événement, le localiser • Donner son avis, demander une opinion • Accepter ou rejeter une proposition • Exprimer son indifférence
Lexique	• Les activités de loisir • L'expression de l'enthousiasme • Les verbes de goût • La description physique et vestimentaire	• Les expressions des goûts • Les passions et les loisirs • Les expressions marquant l'intérêt ou le manque d'intérêt • Les articulateurs du récit	• La localisation d'un lieu dans l'espace • Les adjectifs de description d'un lieu • Les expressions pour proposer une idée, demander une opinion, l'accepter et la rejeter • Les verbes du discours
Grammaire	• Les mots interrogatifs • Les articles définis, indéfinis et partitifs • La négation	• Les mots interrogatifs • Le passé récent, le présent progressif et le futur proche	• Les pronoms relatifs *(qui, que, où)* • Les pronoms compléments de lieu *(y, en)*
Révisions	• Les présentations • L'expression des goûts • L'interrogation • L'accord des adjectifs • La description physique • Les loisirs • La négation	• Les mots interrogatifs • Faire *du/de la* • Le futur proche • Les présentations • Les goûts et les loisirs	• Les prépositions + noms de villes, de pays • Les prépositions et adverbes de lieu • L'expression des goûts • Le passé composé
Phonétique		• Les liaisons et les enchaînements	• L'accent d'insistance
Lecture		**Type de texte :** • Le texte narratif ; extrait de *Deux Ans de vacances* de Jules Verne **Atelier d'écriture :** • Raconter une histoire en marquant les étapes du récit (les articulateurs)	**Type de texte :** • Le texte narratif avec dialogues ; extrait des *Vacances du petit Nicolas* de Sempé et Goscinny **Atelier d'écriture :** • Réécrire un dialogue en utilisant des verbes du discours
Civilisation	• Les classes de découverte • La Francophonie	• Jules Verne • Les territoires français **Interculturel / Projet :** • Faire un reportage photo sur son pays	• Le parc France miniature • Le petit Nicolas • La Francophonie • La Semaine de la langue française **Interculturel / Projet :** • Compléter le reportage sur son pays (nombre d'habitants, langues parlées…) commencé en Unité 1
Thèmes transversaux	**Interculturel :** • La Francophonie • Les classes de découverte **Entraide et collaboration au sein de la classe :** • Jeux de devinettes **Vie saine :** • Les sports et les loisirs • Les voyages (formateurs de la personnalité)	**Interculturel :** • La Francophonie • La prise de conscience de la diversité à l'intérieur d'un même pays **Vie saine :** • Les sports et les loisirs • Les voyages (formateurs de la personnalité)	**Interculturel :** • Les langues parlées dans le monde, la Francophonie • Les lieux touristiques français **Convivialité :** • La négociation, l'expression de l'opinion

Étape 3 Le passé, c'est dépassé ?	Étape 4 Tu sais qui c'est ?	Étape 5 Si on gagne le concours...	Étape 6 Rêve ou réalité ?
• Modes de vie et traditions du passé ; habitudes actuelles	• Dates et faits marquants (d'une biographie, d'un fait divers)	• Projets, préparation d'un voyage ; objets personnels	• Rêves et souhaits ; participation à un jeu télévisé
• Comparer deux époques • Décrire des faits passés, les situer dans le temps • Exprimer la comparaison, indiquer un ordre de grandeur • Exprimer la date et la durée	• Parler des faits marquants d'une vie • Faire une interview • Écrire une biographie • Raconter des faits passés, un fait divers • Exprimer des impressions (admiration, doute, surprise, enthousiasme) • Éviter les répétitions dans un récit	• Décrire et caractériser des objets • Exprimer une condition, une hypothèse future • Faire des suggestions, conseiller • Décrire la manière • Éviter les répétitions	• Exprimer un souhait, un fait imaginaire • Faire une suggestion, donner un conseil • Comparer et décrire • Exprimer des émotions (peur, inquiétude, dégoût, énervement) • Exprimer sa déception, ses espoirs • Féliciter, approuver, mettre en garde
• La comparaison • L'expression de la date, de la durée • L'expression d'un ordre de grandeur • Les époques de l'histoire (la Préhistoire, le temps des romains, le Moyen Âge...)	• Le lexique de la biographie et du fait divers • L'expression du doute, de l'admiration, de la surprise, de l'enthousiasme • Les adjectifs décrivant les traits de caractère	• Les noms d'objets, leur description (fonction, taille, couleur, forme, matière...) • Les expressions servant à émettre des hypothèses, à exprimer des conditions	• L'écologie, la solidarité • Les caractéristiques d'un paysage, d'un climat • Les expressions pour féliciter, approuver, mettre en garde, exprimer sa déception, ses espoirs, ses émotions • Les expressions servant à exprimer un souhait, un fait imaginaire, un conseil, une demande polie
• L'imparfait • Les comparatifs • Les pronoms compléments (COD et COI)	• Le passé composé : choix de l'auxiliaire • L'accord du participe passé avec avoir • Les valeurs du passé composé et de l'imparfait	• Les pronoms possessifs et démonstratifs • Les verbes irréguliers au futur simple • Le pronom COD en • Les adverbes en -ment	• Le conditionnel • La construction des verbes (avec à ou de) • Les pronoms COI (en, y) • La place des adjectifs • Le superlatif
• Le présent de l'indicatif • Les pronoms compléments (COD) • Quelques expressions de la date	• Passé composé : choix de l'auxiliaire • L'accord du participe passé avec être • L'accord des adjectifs	• Le futur simple • L'expression de la date future • Les adjectifs possessifs et démonstratifs • L'accord de l'adjectif qualificatif	• L'imparfait et le futur simple • Les adjectifs interrogatifs • Le masculin et le féminin des adjectifs
• Les règles d'accentuation (1re partie) : le e	• Les règles d'accentuation (suite) : l'accent circonflexe et l'accent grave	• Le e caduc	• L'intonation expressive : mise en garde, félicitations, irritation, déception
Type de texte : • Le texte explicatif : extraits de Encore des pourquoi de P. Vandel **Atelier d'écriture :** • Préparer le plan d'un texte explicatif et le rédiger	**Type de texte :** • La bande dessinée : extrait des Blagues de Toto de T. Coppée **Atelier d'écriture :** • Raconter un événement passé (bonne utilisation des temps, emploi des articulateurs, emploi des COD ou COI pour éviter les répétitions)	**Type de texte :** • Le texte théâtral : extrait de Finissez vos phrases ! ou Une heureuse rencontre de J. Tardieu **Atelier d'écriture :** • Finir les phrases inachevées du texte proposé	**Types de textes :** • La charade, l'acrostiche, le poème, le calligramme, le rébus **Atelier d'écriture :** • Formuler une charade, faire un acrostiche, réécrire un poème, décoder un rébus, créer un calligramme
• Les faits historiques qui ont marqué l'Histoire de France **Interculturel / Projet :** • Faire une chronologie avec les principaux événements et personnages qui ont marqué son pays	• Le personnage de Toto • Le musée Grévin : historique et personnages du musée • Les personnalités préférées des Français **Interculturel / Projet :** • Faire une liste des personnalités les plus populaires de son pays • Faire son propre musée Grévin avec des personnages de son choix	• Les éponymes : objets et personnages **Interculturel / Projet :** • Présenter des personnes de son pays ayant donné leur nom à des mots usuels.	• Charades, poème, acrostiches, calligrammes et rébus • La Polynésie française **Interculturel / Projet :** • Choisir un territoire français et le présenter
Interculturel : • Les traditions et les changements dans la société **Entraide et collaboration au sein de la classe :** • Sondage sur la vision du passé • Devinettes	**Interculturel :** • Personnages francophones et universels • Égalité des sexes : hommes et femmes célèbres **Éducation pour la paix :** • Les engagements (lutte contre les inégalités, pour la protection de l'environnement) • Les bonnes actions • Les blagues	**Entraide et collaboration au sein de la classe :** • Devinettes, conseils, jeux collectifs **Interculturel :** • Personnages et objets universels	**Éducation pour la paix :** • Les engagements (lutte contre les inégalités, pour la protection de l'environnement) • Intérêt vis-à-vis d'autres cultures **Interculturel :** • Les records dans le monde • Jeux avec la langue française • Les formules pour féliciter, encourager, conseiller, mettre en garde

Les actes de PAROLE pp. 107 à 109   5 cinq   PRÉCIS grammatical pp. 110 à 115

Avant de commencer cette nouvelle aventure, ensemble nous allons :

- découvrir les personnages d'*Atelier de français 3* **pp. 6-7**
- inventer des devinettes **pp. 6-7**
- réviser des contenus des années précédentes **pp. 6-9**
- faire le quiz : « Es-tu un bon observateur ou une bonne observatrice ? » **p. 10**

Entre copains...

Julie, Emma, Maxime et Étienne sont copains de collège.
Ils sont différents mais se complètent très bien !

Julie : 14 ans ; elle adore la photographie et le cinéma.

Emma : 14 ans ; elle est passionnée de dessin et de mode.

Et le personnage inconnu...
un futur copain de la bande : il a 16 ans ; c'est un fan de littérature et de musique ethnique !
Mais qui est-ce... ?

Étienne :
14 ans et demi ; il est fou de jeux vidéo et d'informatic
Il fait de l'escrime.

Maxime : 13 ans et demi ; c'est le plus jeune de la bande. Il aime le sport et l'aventure ; en un mot : il adore les sports d'aventure !

Observe les documents

1 De qui s'agit-il ? Retrouve le nom des personnages.

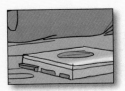

a. C'est …

b. C'est …

c. C'est …

d. C'est …

Tu comprends ?

2 Qui dit quoi ?

a. Mon film préféré ? *Le Fabuleux Destin d'Amélie Poulain* !

b. Vous ne connaissez pas ce nouveau jeu ? Il est super !

c. Le saut à l'élastique, j'adore !

d. Je te recommande ce livre, il est génial !

e. Il est cool, ce Tee-shirt !

3 Associe deux mots de la liste à chaque personnage.

a. l'escalade
b. un film
c. un roman
d. l'aventure
e. une console de jeux
f. les vêtements
g. un tam-tam
h. un ordinateur
i. un appareil photo
j. un crayon

1. Emma

3. Maxime

2. Julie

4. Étienne

5. Le personnage inconnu

4 Retrouve les mots manquants.

a. Emma adore … mode et … dessin.
b. Julie est passionnée … photo et … cinéma.
c. Maxime fait … escalade et il adore … plongée.
d. La passion d'Étienne, c'est … informatique. Il est fou … jeux vidéo.
e. Le personnage inconnu adore … littérature.

5 a Découvre chaque personnage.

1. Il/Elle n'a pas les cheveux longs, il/elle n'est pas brun(e), ce n'est pas le/la plus jeune, il/elle n'a pas 16 ans. ➤ …

2. Il/Elle ne porte pas de jupe, il/elle n'a pas de Tee-shirt, il/elle a les cheveux courts, il/elle n'a pas 14 ans et demi. ➤ …

3. Il/Elle n'a pas d'appareil photo, il/elle n'a pas d'ordinateur, il/elle ne sait pas dessiner, il/elle n'est pas sportif/sportive. ➤ …

4. Il/Elle ne se trouve pas à gauche sur la photo, il/elle n'est pas à côté d'une fille, il/elle est devant un garçon. ➤ …

5 b À deux. Inventez des devinettes sur des élèves de la classe. La classe devine de qui il s'agit.
Ex. Il/Elle a des lunettes. Il/Elle est brun(e). Il/Elle ne porte pas de jean…

Une année

EMMA. – Eh ! Regardez ! Une annonce pour un jeu-concours sur la Francophonie !

JULIE. – Génial !

MAXIME. – Qu'est-ce que c'est la Francophonie ?

EMMA. – C'est l'ensemble des pays où on parle français.

MAXIME. – Et qu'est-ce qu'on gagne ?

EMMA. – Un voyage en classe de découverte sur un bateau-école, pour découvrir la Francophonie !

MAXIME. – En quoi ?

JULIE. – En classe de découverte ! Voyager et avoir cours sur un bateau ! C'est top !

EMMA. – Imaginez ! On est sur une plage à la Martinique ! On a cours sous les cocotiers !

MAXIME. – Pff... Et pourquoi pas des cours en Antarctique, dans un igloo ! N'importe quoi !

JULIE. – Si on gagne, on part combien de temps ?

EMMA. – Une année scolaire entière !

MAXIME. – Ce n'est pas vrai ! Une année scolaire sans les parents ! Le rêve !

EMMA. – Qu'est-ce que vous en pensez ? On s'inscrit ?

JULIE. – Pourquoi pas ! Mais il faut cinq participants.

EMMA. – On est déjà trois.

MAXIME. – Avec Étienne, ça fait quatre.

JULIE. – Tiens, le voilà ! Étienne, une année sur un bateau, sans les parents, ça te dit ?

ÉTIENNE. – On embarque quand ? Aujourd'hui ?

JULIE. – Et pour le cinquième, vous pensez à qui ?

EMMA. – Hum... Moi, j'ai ma petite idée !

JULIE. – Ah, bon ? Qui ?

EMMA. – Mystère...

Observe les documents

1 Observe les dessins et réponds aux questions.
  a. Où se trouvent les trois amis ?
  b. Qu'est-ce qu'ils regardent ?
  c. Combien doivent-ils être pour participer ?
  d. À ton avis, qu'est-ce qu'ils peuvent gagner ?

Tu comprends ?

2 a Écoute. La Francophonie, c'est :
  1. l'ensemble des territoires français.
  2. l'ensemble des pays où on parle français.
  3. l'ensemble des gens qui aiment les Français.

2 b Écoute et réponds. Vrai ou faux ?
  1. S'ils gagnent, ils partent en France pendant un an.
  2. Dans une classe de découverte, on a aussi des cours.
  3. Emma rêve de partir en Antarctique.
  4. Il faut quatre participants.

2 c À ton avis, qui va être le cinquième participant ?

de rêve

Avec Étienne, ça fait quatre.

Mais il faut cinq participants.

Étienne, une année sur un bateau, sans les parents, ça te dit ?

3 Associe ☺ ou ☹ aux expressions suivantes.

a. Génial ! ➤ ...   b. C'est top ! ➤ ...   c. N'importe quoi ! ➤ ...   d. Le rêve ! ➤ ...

4 Et dans ton pays ?

a. Existe-t-il des classes de découverte organisées par les collèges ?

b. Observe les photos. Quelle classe te paraît la plus intéressante ? Pourquoi ?

3 La classe sportive : pour faire du ski, de la voile, de la randonnée…

1 La classe environnement : pour découvrir et comprendre un milieu naturel.

2 La classe culturelle : pour réaliser un projet artistique (musique, danse, théâtre…).

La classe européenne : 4 pour découvrir d'autres pays.

Quiz

Es-tu un bon observateur ou une bonne observatrice ?

1 Regarde bien le document pendant trois minutes. Si nécessaire, pose des questions à ton professeur ou à tes camarades.

Grand Jeu-Concours Francovision

Vous êtes un groupe de cinq copains ?

Vous avez entre 13 et 16 ans ?

Vous aimez la culture et l'aventure ?

Relevez le défi en six étapes !

Partagez vos connaissances et vos expériences… et découvrez la Francophonie.

Gagnez un voyage d'un an en classe de découverte sur le bateau *L'Océane* !

Pour participer à la première étape du concours, consultez www.francovision.fr
(Date limite : le 30 septembre.)

Attention ! Chaque étape est éliminatoire !

2 Cache le document et, avec un(e) camarade, répondez aux questions.

1. De quoi s'agit-il ?
 a. D'une offre de voyage d'une brochure touristique.
 b. De l'annonce d'un concours dans un magazine.
 c. De la publicité d'une association sur la Francophonie.

2. Comment s'appelle le concours ?
 a. Mondovision.
 b. Francophonivision.
 c. Francovision.

3. Quelle phrase est dans le test ?
 a. Vous aimez l'aventure et la détente.
 b. Vous avez entre 13 et 16 ans ?
 c. Vous êtes un groupe de quatre.

4. Il y a combien d'étapes ?
 a. Une.
 b. Six.
 c. Douze.

5. Que peut-on gagner grâce au concours ?
 a. Un voyage de trois mois sur un bateau.
 b. Des cours gratuits pendant une année scolaire.
 c. Un voyage en classe de découverte.

6. Quel est le nom du bateau ?
 a. Le Pacifique.
 b. L'Océane.
 c. Mers du Sud.

7. Quelle est la date limite ?
 a. Le 30 septembre.
 b. Le 30 octobre.
 c. Le 30 novembre.

8. Qu'est-ce qui est « éliminatoire » ?
 a. Chaque étape.
 b. Seulement la dernière étape.
 c. Seulement la première étape.

Solutions

Résultats :

😊 : Vous obtenez 7 ou 8 réponses justes : Génial ! Vous êtes de très bons observateurs, vous avez un œil de lynx et une mémoire d'éléphant ! Chapeau !

😐 : Vous obtenez 4 à 6 réponses justes : Ce n'est pas mal pour un début d'année ! Vous avez un assez bon sens de l'observation, encore un petit effort et ce sera parfait !

😠 : Vous obtenez moins de 4 réponses justes : Hum, hum ! Qu'est-ce que vous avez fait pendant les trois minutes d'observation du document ? Allez, ne vous découragez pas : c'est vrai, c'est dur la rentrée ! Bientôt ça ira beaucoup mieux !

Solutions du quiz : (1.b ; 2.c ; 3.b ; 4.b ; 5.c ; 6.b ; 7.a ; 8.a)

EN ROUTE POUR L'AVENTURE !

Pour passer la 1ʳᵉ étape, apprends à :

• poser des questions pour t'informer	pp. 12-13
• faire une proposition	pp. 12-13
• exprimer ton intérêt	pp. 12-13
• te présenter par écrit	pp. 14-15

Tu vas aussi découvrir :

• *Deux Ans de vacances* de Jules Verne	pp. 20-21
• un voyage « en photos » à travers la France	pp. 22-23

---

www.francovision.fr

Grand Jeu-Concours Francovision

Première étape (1/6) : Inscriptions

Présentez les membres de votre équipe.
Parlez de vous, de vos goûts, de vos
projets…

Dans les prochaines étapes,
il y aura des énigmes, des

Grand concours

JULIE. – Allez, Emma ! Dis-moi à qui tu penses pour le concours !

EMMA. – Ah, mon portable ! C'est mon cousin !... Allô ! Salut Lucas ! Tu as écouté mon message ?

LUCAS. – Ben, oui, j'appelle pour ça.

EMMA. – J'ai une proposition à te faire : ça te dit de participer à un concours ?

LUCAS. – Un concours ? Oui, bof. On gagne quoi ?

EMMA. – Un voyage ! Une année scolaire sur un bateau-école ! On a cours sur le bateau et on visite différents pays de la Francophonie. Regarde sur Internet à www.francovision.fr, c'est expliqué !

LUCAS. – Attends, je me connecte. C'est génial, ce concours ! Il y a six étapes éliminatoires ! La première, c'est facile : ce sont les inscriptions. Et pour les autres étapes, qu'est-ce qu'il faut faire ?

EMMA. – C'est expliqué ! Il y a des énigmes et il faut faire des jeux, des tests, des reportages...

LUCAS. – Ah, oui, super ! Et on peut envoyer des courriers, des photos, des vidéos... C'est cool !... Et quelle est la date limite pour la première étape ? J'ai pas mal d'exams cette semaine.

EMMA. – C'est le 30 septembre : on a le temps !... Alors tu participes ?

LUCAS. – Oui, pourquoi pas. Mais tu as vu, il faut être cinq : vous êtes combien ?

EMMA. – Cinq si tu t'inscris avec nous ! !

LUCAS. – Vous vous retrouvez où et quand pour vous organiser ?

EMMA. – Samedi chez Julie.

LUCAS. – Julie ?

EMMA. – Oui, pourquoi ?

LUCAS. – Euh... pour rien... D'accord, je suis partant ! Salut !

Salut Lucas ! Tu as écouté mon message ?

Observe les documents

1 Réponds aux questions.
   a. Avec qui parle Emma au téléphone ?
   b. De quoi parlent-ils ?

Tu comprends ?

2 Écoute et réponds.
   a. Qui est Lucas ?
   b. Est-ce qu'il accepte de participer au concours ?

3 Écoute et choisis la/les bonne(s) réponse(s).
   a. Que vont-ils faire sur le bateau-école ?
      1. Un voyage d'une année scolaire.
      2. Avoir des cours.
      3. Visiter des pays.
   b. Que doivent-ils faire dans les différentes étapes ?
      1. Des jeux, des tests.
      2. Des reportages.
      3. Des épreuves sportives.
   c. Comment peuvent-ils envoyer leurs réponses ?
      1. Avec des courriers, des SMS, des vidéos.
      2. Avec des photos, des vidéos, des courriers.
      3. Avec des vidéos, des SMS, des photos.
   d. Où et quand vont-ils se voir pour parler du concours ?
      1. Dimanche chez Emma.
      2. Samedi chez Julie.
      3. Samedi chez Emma.

aventure

Ça te dit de participer à un concours ?

Et pour les autres étapes, qu'est-ce qu'il faut faire ?

4 Lis le dialogue et retrouve les mots pour dire :

a. Tu *voudrais* participer ? ➤ ...

b. J'ai *beaucoup* d'examens. ➤ ...

c. Je suis *d'accord* ! ➤ ...

Grammaire

Les mots interrogatifs

5 a Lis le dialogue. Relève les questions de Lucas et décode les mots interrogatifs.

O# Q # A # D C # M # I # N Q # O # # U ' E # T - # E Q # E

5 b Complète le tableau avec les mots interrogatifs de l'exercice 5a.

Poser des questions sur...	
le nombre	...
le lieu	...
la manière	*comment*
le moment	...
la cause	*pourquoi*
les choses/ les actions	*.../.../quel(le)(s)*
les personnes	*(avec) qui*

➤ Entraîne-toi pp. 16-17

Mes mots

6 a Retrouve dans le dialogue les expressions exprimant l'intérêt ou le manque d'intérêt.
Ex. C'est génial !

6 b Tu connais d'autres expressions ?

À toi !

7 À deux, imaginez une conversation téléphonique.

Tu téléphones à un(e) copain/copine pour lui proposer de participer à un concours organisé par ton collège (concours de poésie, de chansons françaises, de photo, de mathématiques...).

Il/Elle te pose des questions, tu lui donnes les informations.

Il/Elle trouve l'idée intéressante/ennuyeuse et il/elle accepte ou refuse.

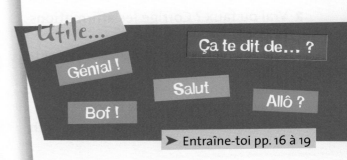

Utile...

Ça te dit de... ?

Génial !

Salut

Bof !

Allô ?

➤ Entraîne-toi pp. 16 à 19

Chers

Salut les organisateurs !
Nous sommes cinq copains :
deux filles et trois garçons. On
aime tous voyager, alors on a décidé
de s'embarquer dans l'aventure.
Moi, c'est Emma. J'ai 14 ans et
je suis en troisième dans le même
collège qu'Étienne, Maxime et Julie.
Mes deux passions sont le dessin
et la mode ; je viens de faire une
exposition sur la mode
dans mon collège, et
en ce moment, je suis
en train de préparer
une autre expo
pour la M J de mon
quartier. Plus tard,
je veux être styliste.

exposition

Bonjour ! Je m'appelle Étienne. J'ai quatorze
ans et demi. J'aime le sport (je fais de
l'escrime), mais je déteste le foot. Sinon,
j'adore les jeux vidéo mais je n'aime pas du
tout les jeux de guerre... Mes copains m'appellent
Billy the Gate car je
viens de gagner le championnat
« Cyber-Jeux » de ma ville. Le mois
prochain, je vais me présenter à un
championnat régional ! Je suis
super impatient !

Lycée Profession

Salut ! Moi c'est Lucas. J'ai
16 ans et je suis en LP. J'aime
beaucoup lire, connaître des
gens nouveaux, parler avec
mes copains... Je suis aussi
fou dingue de musique ethnique.
Actuellement, je suis en train
d'apprendre à jouer des
percussions, et c'est génial !
Mon rêve : rencontrer
un jour

Observe les documents

1 Il s'agit :
- **a.** d'une lettre.
- **b.** d'un brouillon de lettre.
- **c.** d'un mél.

Tu comprends ?

2 Vrai ou faux ? Corrige les affirmations fausses.
- **a.** Ils sont une équipe de deux garçons et trois filles.
- **b.** Les cinq copains s'embarquent dans l'aventure pour la même raison.
- **c.** L'équipe entière se présente dans la lettre.

3 Réponds aux questions.
- **a.** Est-ce qu'Emma, Étienne et Lucas sont dans la même école ?
- **b.** Quelles sont les passions d'Emma ?
- **c.** Qui aime le sport et l'informatique ?
- **d.** Quelle est la musique préférée de Lucas ?

4 Qui dit quoi ?
Ex. Qui parle de « sport » ? ➤ Étienne.
  Qu'est-ce qu'il dit ? ➤ J'aime le sport !
- **a.** jeux vidéo
- **b.** lecture
- **c.** musique ethnique
- **d.** foot
- **e.** mode et dessin
- **f.** jeux de guerre
- **g.** percussions
- **h.** voyage

organisateurs

Grammaire

Passé récent / Présent progressif / Futur proche

5 Complète les phrases à l'aide du texte et classe-les dans le tableau.

　　a. ... me présenter à un championnat régional.

　　b. ... faire une exposition dans mon collège.

　　c. ... apprendre à jouer des percussions.

　　d. ... gagner le championnat « Cyber-Jeux ».

　　e. ... préparer une autre expo pour la MJ.

Passé récent	Présent progressif	Futur proche
...	...	*a*

6 Complète le tableau.

Passé récent	Je **viens** Tu ... Il/Elle/On ... Nous ... Vous ... Ils/Elles ...	**de** gagner...
Présent progressif	Je **suis** Tu ... Il/Elle/On ... Nous ... Vous ... Ils/Elles ...	**en train de** faire...
Futur proche	Je **vais** Tu ... Il/Elle/On ... Nous ... Vous ... Ils/Elles ...	*préparer...*

7 Réponds aux questions. Utilise un passé récent, un présent progressif ou un futur proche.

　　a. Pourquoi Étienne est-il impatient ?

　　b. Que fait Lucas en ce moment ?

　　c. Est-ce qu'Emma va faire une exposition dans son collège ?

➤ Entraîne-toi pp. 18-19

Mes mots

8 a 💿 Écoute et chante.

Les goûts et les couleurs,
c'est vraiment fantastique !
Les goûts et les couleurs,
c'est comme une mosaïque !

Moi, j'ai horreur des gens critiques
Toi, tu adores les pacifiques
Elle, elle préfère les romantiques
Nous détestons les gens classiques
Vous aimez bien les excentriques
Et ils sont fans des gens comiques.

8 b Place par ordre croissant les expressions de goût. Compare avec ton/ta voisin(e).

　　☹ J'ai horreur de < Je/J' ... < Je/J' ... ☺

À toi !

9 Imagine les textes écrits par Maxime et Julie. Compare avec ton/ta voisin(e).

Maxime :

Âge : 13 ans et demi
Classe : 4e (Collège Jules-Verne – Toulouse)
Goûts : ☺ le sport, l'aventure
　　　　☺☺ l'escalade, la plongée sous-marine
　　　　☹ le basket
　　　　☹☹ rester à la maison

Julie :

Âge : 14 ans
Classe : 3e (Collège Jules-Verne – Toulouse)
Goûts : ☺ observer les gens, la nature (lieux, animaux)
　　　　☺☺ faire des photos, le cinéma
　　　　☹☹ la pollution, le racisme

10 En petit groupe, comme Emma et ses amis, écrivez un mél ou une lettre pour vous présenter et parler de vos goûts.

Utile...

On fait　Je joue

Je déteste　On aime　Moi, ...

➤ Entraîne-toi pp. 16 à 19

Demander des informations

À qui tu penses ?

On gagne quoi ?

Qu'est-ce qu'il faut faire ?

Quelle est la date limite ?

Vous êtes combien ?

Vous vous retrouvez où et quand ?

Pourquoi ?

**Exprimer son intérêt
et son manque d'intérêt**

Oui, bof !

Pourquoi pas !

D'accord, je suis partant !

C'est cool !

Super !

C'est génial !

Se présenter

Moi, c'est Emma.

Je m'appelle Étienne.

J'ai 15 ans.

Je suis en troisième au collège Jules-Verne.

Nous sommes cinq copains.

Parler de soi, de ses goûts

J'adore... / Je suis fou de... /
Je suis fan de...

Mes deux passions sont...

J'aime beaucoup... / J'aime bien... /
J'aime...

Je préfère...

Je n'aime pas du tout...

Je déteste...

J'ai horreur de...

Plus tard, je veux être...

Faire une proposition

J'ai une proposition à te faire.

Ça te dit de... (participer) ?

Tu es partant(e) pour ... ?

Les mots interrogatifs

1 Emma veut lire la lettre de son amie Léa. Aide-la et mets les mots suivants à la bonne place.

combien est-ce que quel qui

quand quels qu'est-ce que

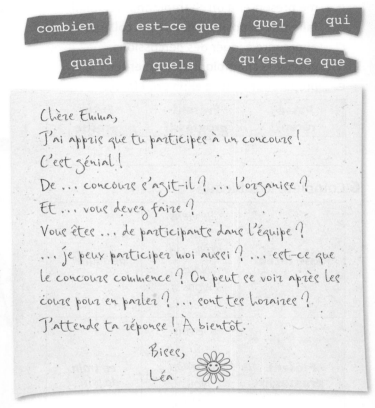

Chère Emma,

J'ai appris que tu participes à un concours !
C'est génial !
De ... concours s'agit-il ? ... l'organise ?
Et ... vous devez faire ?
Vous êtes ... de participants dans l'équipe ?
... je peux participer moi aussi ? ... est-ce que
le concours commence ? On peut se voir après les
cours pour en parler ? ... sont tes horaires ?
J'attends ta réponse ! À bientôt.

Bises,
Léa

2 Complète avec un mot interrogatif et associe.

a. ... Lucas veut participer ?

b. ... est la date limite pour participer ?

c. ... les cinq copains ont-ils décidé de s'embarquer dans l'aventure ?

d. ... de temps dure le voyage en Francophonie ?

1. Le 30 septembre.

2. Une année scolaire.

3. Oui, il est d'accord !

4. Parce qu'ils aiment tous voyager !

3 Complète avec un mot interrogatif et réponds aux questions.

a. ... âge as-tu ? ➤ ...

b. ... de voyages fais-tu chaque année ? ➤ ...

c. ... tu as déjà visité un pays francophone ? ➤ ...

d. ... tu aimerais faire plus tard ? ➤ ...

langue

4 Lis les phrases et retrouve les questions posées à Étienne.

   a. C'est Emma qui nous a parlé du concours. ➤ ... ?

   b. Nous sommes une équipe de cinq copains. ➤ ... ?

   c. J'étudie au collège Jules-Verne. ➤ ... ?

   d. Non. Lucas, lui, il est dans un lycée professionnel. ➤ ... ?

5 Trouve les six mots interrogatifs cachés dans la grille.

S	P	A	V	U	E	M	Q
C	O	M	B	I	E	N	U
E	U	S	R	Q	Y	G	I
K	R	E	L	M	U	T	D
S	Q	U	A	N	D	E	B
R	U	I	L	U	A	H	L
C	O	M	M	E	N	T	P
Z	I	R	T	A	D	I	M

6 Observe les notes de Lucas et pose des questions à ton/ta voisin(e).
Ex. Quelle est la date de son examen de mathématiques ?

Acheter deux CD de musique ethnique

30 septembre : date limite pour la première étape du jeu-concours

Samedi : Réunion chez Julie

Jeudi 5 octobre, 9h : Examen de mathématiques

Surfer sur www.francovision.fr pour découvrir les 6 étapes éliminatoires

7 Observe les fiches d'Emma et de Lucas et pose des questions à ton/ta voisin(e).
Ex. Qu'est-ce qu'Emma aime bien faire ?
Quelles sont les passions d'Emma ?

Prénom : Emma

Âge : 14 ans

Classe : troisième (collège Jules-Verne)

Ville : Toulouse

Goûts : les voyages, la mode et le dessin

Prénom : Lucas

Âge : 16 ans

Classe : seconde (lycée professionnel)

Ville : Toulouse

Goûts : la lecture, les rencontres, la musique ethnique

Les mots interrogatifs	
le nombre	combien
le lieu	où, à quel endroit...
la manière	comment, de quelle manière...
la date	quand, quelle est la date...
la durée	combien de temps...
la cause	pourquoi
les choses	qu'est-ce que, quoi, quel, quelle, quels, quelles...
les personnes	qui, avec qui, chez qui...

Passé récent / Présent progressif / Futur proche

8 Dis si les phrases suivantes sont au présent ou au passé récent.

a. Tous mes copains viennent chez moi samedi.

b. Emma vient d'appeler son cousin Lucas.

c. Nous venons tous de Toulouse.

d. Les cinq copains viennent de découvrir le concours sur Internet.

e. Lucas vient d'écouter le message d'Emma.

9 Écoute et remets les dessins dans l'ordre chronologique.

Ex. a. : 2-3-1

10 Complète avec *être en train de/d'*, *aller* ou *venir de/d'*.

a. – Que fait Emma ?
– Elle ... écrire une lettre pour se présenter au jeu-concours.

b. – Ça te dit d'aller au cinéma samedi ?
– Désolé, je ne suis plus libre. Je ... accepter une autre proposition.

c. – Cette semaine, j'ai pas mal d'examens et je ... sortir seulement samedi après-midi.

d. – Qu'est-ce que tu fais après les cours ?
– Je ... aller chez Étienne. On ... jouer à un nouveau jeu vidéo.

11 Conjugue les verbes suivants. Attention aux indications de temps !

Ex. (Étienne) :
– goûter (17 h 30)
– rentrer du collège (17 h 15)
– faire les devoirs (17 h 45)
Étienne est en train de goûter ; il vient de rentrer du collège ; il va faire ses devoirs.

a. (Vous) :
– sortir de la maison (7 h 30)
– attendre le bus (7 h 37)
– arriver au collège (7 h 55)

b. (Lucas) :
– accepter la proposition de sa cousine (17 h 15)
– écouter le message d'Emma (17 h 05)
– demander des renseignements (17 h 10)

c. (les cinq amis) :
– voir la publicité d'un concours (mercredi)
– écrire une lettre (samedi)
– former une équipe (jeudi)

12 Observe le dessin page 19 et dis si les affirmations sont vraies ou fausses. Corrige les affirmations fausses.
Ex. Le professeur va arriver.
→ Le professeur vient d'arriver.

a. Le cours va commencer.

b. Louise et sa voisine vont (se) parler.

c. Un élève est en train de lire un livre.

d. Anne vient de fermer la fenêtre.

e. Nicolas vient d'enlever son blouson.

f. Florent va prendre un stylo dans sa trousse.

g. Anne vient de se lever.

angue

13 Utilise *être en train de/d'*, *aller* ou *venir de/d'* pour décrire les dessins suivants.
Ex. a. Il vient de faire du sport.

a.

b.

c.

d.

Passé récent	Présent progressif	Futur proche
Je viens	Je suis	Je vais
Tu viens	Tu es	Tu vas
Il/Elle/On vient	Il/Elle/On est	Il/Elle/On va
Nous venons	Nous sommes	Nous allons
Vous venez	Vous êtes	Vous allez
Ils/Elles viennent	Ils/Elles sont	Ils/Elles vont
de rentrer	**en train de** goûter	écrire une lettre

Phonétique

Les liaisons et les enchaînements

1 💿 Écoute. Dis si tu entends une liaison.

Exemples	Liaison : *Oui* ou *Non* ?	Liaison entre :
a. **Vous êtes** *d'accord ?* b. **Ils aiment** *l'escalade ?*	...	*le pronom sujet (vous, ils...) et le verbe*
c. J'aime photographier **les animaux**. d. Le sport, c'est **mon activité** préférée.	...	*le déterminant et le nom*
e. Étienne est un **bon informaticien**. f. On va faire de **belles excursions**.	...	*l'adjectif et le nom*
g. **C'est une** de mes copines. h. Les filles **sont avec** Maxime !	...	*le verbe être et la voyelle suivante*

Attention :
– Dans la liaison, *s* final et *x* final se prononcent [z].
Voici mes nouveaux amis.
– Dans la liaison, les voyelles nasales se dénasalisent : on prononce [n].
C'est mon activité préférée.
– Dans la liaison, *d* final se prononce [t].
C'est un grand informaticien.
– On ne fait jamais la liaison avec *et*.
Voici Julie et Emma.

2 a Lis les phrases à haute voix.
1. Julie, tu as un bel appareil photo !
2. Nous avons six étapes éliminatoires !
3. Lucas et Emma sont cousins et amis.
4. On aime les concours et on adore vivre de nouvelles aventures.

2 b 💿 Écoute pour vérifier.

DEUX ANS

JULES VERNE

1828-1905

Nationalité : française

Auteur de :
- *Cinq Semaines en ballon*
- *De la Terre à la Lune*
- *Le Tour du monde en 80 jours*
- *Vingt Mille Lieues sous les mers*
- *Michel Strogoff*
- *L'Île mystérieuse*

Etc.

Plusieurs de ses romans ont été adaptés à la télévision ou au cinéma.

Le capitaine Nemo à la barre du *Nautilus* dans le film *Vingt Mille Lieues sous les mers.*

En résumé...

Mars 1860 – Un bateau, le Sloughi, fait une croisière sur l'océan Pacifique avec, à son bord, quinze enfants. Mais soudain, alors que l'équipage est à terre, le bateau est emporté par les courants. Les enfants se retrouvent seuls, en pleine tempête, sans adultes pour les aider. Après trois semaines d'angoisse, le bateau échoue* quelque part, sur une plage. De longues « vacances » commencent...

Extrait

Un jour de beau temps, Briant, Doniphan et deux autres garçons partent en exploration avec le chien Phann. Il est dix heures du matin quand ils voient entre les arbres une plage de sable.

5   – Briant a raison, nous ne sommes pas sur le continent mais sur une île ! dit Webb découragé*.

Mais ils remarquent tout à coup le comportement étrange du chien.

– Phann a flairé une piste ! s'écrie Doniphan.

10   Le chien s'est arrêté devant l'entrée d'une grotte à moitié cachée par la végétation. Les garçons entrent avec prudence.

À l'intérieur de la grotte des objets montrent que quelqu'un a habité là : un couteau, des ustensiles de cuisine et un tabouret. Puis, un peu plus loin, une sorte de lit avec une

15 vieille couverture et une montre... C'est une belle montre à boîtier. Briant l'ouvre et lit « Delpeuch, Saint-Malo – F.B. ».

– Saint-Malo ! Mais c'est en Bretagne ! s'écrie-t-il.

Ils trouvent aussi un cahier avec un nom : François Baudoin. F.B., François Baudoin, c'est le nom du Français nau-

20 fragé qui a vécu dans la grotte.

Soudain, dehors, le chien aboie furieusement. Que se passe-t-il donc ? Les garçons sortent en courant et découvrent entre les racines d'un arbre... le squelette d'un être humain !

Finalement, ils repartent vers leur campement, totalement

25 découragés* : ils savent maintenant qu'ils sont bien sur une île, et une île inhabitée !

D'après ***Deux Ans de vacances*** de Jules Verne.

*Échouer : (pour un bateau) ne plus flotter et toucher la terre.
*Découragé : qui a perdu son courage, le goût d'agir.

DE VACANCES

Avant de lire le texte

1 Fais une enquête dans ta classe.

a. Qui connaît Jules Verne ?

b. Comment s'appellent, dans ta langue, les romans de Jules Verne cités à la page 18 ?

c. Tu as déjà lu des romans de Jules Verne ? Lesquels ?

Maintenant, lis le texte

2 Lis le résumé et choisis la bonne réponse.

a. L'action se passe au :
1. xviiie siècle.
2. xixe siècle.
3. xxe siècle.

b. Qui se trouve sur le bateau pendant la tempête ?
1. L'équipage et 15 enfants.
2. L'équipage.
3. 15 enfants.

c. Le bateau échoue :
1. sur une île.
2. sur un continent.
3. On ne sait pas.

3 Lis l'extrait. Complète les questions et réponds.

a. ... sont-ils dans le groupe ?

b. ... a flairé une piste ?

c. ... objets découvrent-ils dans la grotte ?

d. ... trouvent-ils entre les racines d'un arbre ?

e. ... les garçons sont-ils découragés ?

4 Trouve le/les intrus.

a. Pendant leur exploration, ils découvrent :
1. une plage.
2. une grotte.
3. une cabane.

b. Dans la grotte, ils trouvent :
1. une table.
2. un lit.
3. une montre.

c. Saint-Malo est une ville :
1. française.
2. du Pacifique.
3. de Bretagne.

d. « F.B. », c'est :
1. la marque d'un objet.
2. les initiales d'un nom.
3. un code secret.

Atelier d'écriture

5 a Observe.
Quand on raconte une histoire, il y a toujours différentes **étapes** :
A. La situation de départ
B. Un « problème » qui survient
C. Une suite d'événements
D. La situation finale

5 b Retrouve ces mots dans le texte. Quelles étapes peuvent-ils marquer (A, B, C ou D) ?

finalement   mais   puis

soudain   tout à coup

un jour de beau temps

5 c Tu connais d'autres mots pour marquer les étapes ? Complète la liste.

6 a Raconte une histoire à l'aide des informations suivantes. Utilise des mots de l'activité 5.
Pierre et Alexandre, deux copains – se promener dans la forêt – marcher pendant une heure – se perdre – entendre des bruits étranges – un ours ? – monter dans un arbre – rester toute la nuit – être terrifiés – lever du jour – voir une chienne et ses petits !

6 b Lis ton histoire à la classe.

VOYAGE LA

a. Le Piton de la Fournaise (île de La Réunion)

b. Le Parlement européen, à Strasbourg (Alsace)

c. La statue de la Liberté devant le Front de Seine (Paris)

La France c'est...

- l'Hexagone ou la métropole avec la Corse mais aussi...
- Les territoires français situés en dehors de la métropole :
  – Les Départements d'Outre-Mer : la Réunion, la Guadeloupe, la Martinique et la Guyane ;
  – la Polynésie française (par exemple Tahiti) ;
  – la Nouvelle-Calédonie ;
  – les Terres australes et antarctiques (la terre Adélie) ;
  – et de nombreuses autres petites îles.

À TRAVERS FRANCE

d. Le Quartier chinois (XIIIᵉ arrondissement de Paris)

e. Une plage à Grande-Terre (île de la Guadeloupe)

f. La base Dumont-d'Urville en Terre Adélie (Antarctique)

g. Les châteaux de la Loire : Chambord (région Centre)

h. Le lever de pierre (Tahiti)

i. Le théâtre romain de Lyon (région Rhône-Alpes)

Observe les photos

1 À ton avis, quelles photos ont été prises en France ? en dehors de la métropole mais sur des territoires français ? à l'étranger ?

2 Associe les légendes aux photos. Compare avec ton/ta voisin(e).

3 Situe chaque lieu sur une carte.

4 Quels types de paysages ou de monuments existent aussi dans ton pays ?

5 Tu décides de faire un voyage : quelle photo représente le mieux l'endroit où tu veux aller ? Dis pourquoi.

Projet

6 a Par groupe de quatre, faites un reportage photo sur votre pays.

1. Préparez une affiche avec une carte de votre pays.

2. Cherchez des photos sur des brochures touristiques, des magazines, sur Internet...

3. Collez-les sur l'affiche. Reliez chaque photo à un lieu sur la carte. Écrivez une légende en français pour chacunes d'elles.

6 b Diffusez votre reportage photo.

Présentez-le au reste de la classe ; faites une exposition pour le collège ; envoyez-le à une classe de correspondants francophones ; publiez-le sur la page web de votre collège, etc.

L'apprenti sorcier

Chapitre 1

La disparition

Je me souviendrai longtemps du jour de mes quinze ans. Surtout la nuit qui a suivi. Tout a commencé dans la maison de campagne des parents de Ludovic, mon meilleur copain.

Je fêtais mes quinze ans avec Ludovic, Sébastien, Marion et Lucie. Moi, je m'appelle Harry, comme Harry Potter. Comme j'aime bien les histoires de sorcellerie, mes copains m'ont fait une surprise. Ils ont transformé la maison en manoir hanté et ils ont organisé un jeu de rôle. Nous avions tous des pouvoirs de magicien.

Le soir, ils m'ont élu sorcier de l'année. Ils m'ont offert une baguette magique. Une vraie baguette magique ! Je dis « une vraie », car, grâce à elle, j'ai vécu une histoire étrange et incroyable.

Ensuite, tout le monde est allé se coucher.

1 Vrai ou faux ? Justifie tes réponses.
- **a.** Les parents de Ludovic ont une maison au bord de la mer.
- **b.** Harry fête son anniversaire en famille.
- **c.** Les amis de Harry ont transformé la maison en manoir hanté.
- **d.** Harry a reçu une baguette de sorcier.
- **e.** Harry et ses amis ont joué toute la nuit.

2 a À ton avis, un « jeu de rôle », c'est...
- **a.** une pièce de théâtre jouée par quatre comédiens.
- **b.** un jeu dans lequel les joueurs créent un personnage et inventent une histoire.
- **c.** un jeu où il faut imiter des acteurs célèbres.

2 b Un « brevet de sorcellerie », c'est...
- **a.** un diplôme donné par l'école de sorcellerie.
- **b.** un livre qui contient toutes les formules magiques.
- **c.** un costume de sorcier.

3 Remets les phrases dans l'ordre pour reconstituer le rêve de Harry.
- **a.** Harry est élève dans un collège de sorcellerie baptisé « Maison Noire ».
- **b.** Il jette un sort pour faire disparaître la pendule du salon.

Je me suis glissé dans mon lit en rêvant du jeu de rôle et du faux manoir hanté. Un manoir baptisé « Maison Noire ». Mais dans la nuit, mon rêve est devenu réalité. « Maison Noire » était une école de sorcellerie. J'étais dans ma chambre. Ludovic était devant moi, avec une longue barbe blanche. Il s'appelait Darkmor, comme dans notre jeu de rôle. Il était le directeur du collège. Il me donnait mon brevet de sorcellerie et une baguette magique.

– Cette baguette a de vrais pouvoirs, a-t-il dit.

J'étais un sorcier. Un vrai sorcier !

– Fais-en bon usage ! a-t-il ajouté, avant de disparaître dans un nuage de fumée.

Sans attendre, j'ai décidé de vérifier les pouvoirs de la baguette magique. Je suis sorti de ma chambre. Il faisait nuit, mais la baguette brillait comme un rayon laser. J'ai descendu l'escalier pour aller au rez-de-chaussée. La pendule du salon a sonné les douze coups de minuit. J'ai sursauté et j'ai eu peur. Maudite pendule ! Pour me venger, c'est sur elle que j'ai choisi de jeter mon premier sort. J'ai agité ma baguette devant elle en murmurant une formule magique.

– Abracadabra ! Disparais de là !

Et la pendule a disparu.

c. Harry se lève et descend les escaliers pour tester les pouvoirs de sa nouvelle baguette.

d. Le directeur de l'école donne une baguette magique à Harry puis disparaît dans un nuage de fumée.

4 Chasse l'intrus qui s'est glissé dans chaque liste de mots.

a. hanté – copain – sorcellerie – pouvoirs – formule

b. chambre – escalier – rez-de-chaussée – nuage – salon

c. collège – rêve – directeur – école – brevet

d. étrange – incroyable – surprenant – irréel – long

5 Associe chaque expression à sa définition.

a. Tirer au sort

b. Jeter un sort

c. Se plaindre de son sort

d. Le sort en est jeté

1. Pratiquer la sorcellerie

2. Décider par le hasard

3. On ne peut rien changer

4. Être mécontent de sa situation

Fais le point 1

DELF A2

BIENVENUE DANS L'UNIVERS JULES VERNE AVENTURES

HOME NOTRE MISSION LE FESTIVAL EXPEDITIONS VIDEOS WEBMAG ADHEREZ BOUTIQUE CONTACTEZ-NOUS

Sponsoring/Mécénat

Inscrire un film

Réservations

Le programme 2007

Presse

Jules Verne Awards®

Jeunesse

Historique

Liens

Gratuit et ouvert aux 14-25 ans, du 1er septembre au 31 décembre.

VOUS RÊVEZ D'AVENTURE ? DEVENEZ LES NOUVEAUX JULES VERNE !

Comme chaque année, le Festival du Film Jules-Verne lance un concours national auprès de tous les jeunes âgés de 14 à 25 ans, pour partir l'été suivant vivre une expérience extraordinaire à bord du trois-mâts français, le *Belem*.

Imaginez la suite d'une aventure de Jules Verne : rédactions, reportages vidéo et photo, BD, dessins… et partez en mer à bord du bateau le *Belem* ! Des dizaines de cadeaux pour les 100 premiers participants !

Compréhension orale

1 Écoute. Choisis la/les bonne(s) réponse(s).

a. La conversation se passe :
  1. dans la cour de l'école.
  2. au téléphone.

b. Les deux personnes s'appellent :
  1. Lara et Océane.
  2. Sarah et Océane.
  3. Sarah et Romane.

c. L'une des deux filles est en train de :
  1. lire une revue.
  2. surfer sur Internet.

d. On peut trouver des informations sur :
  1. des films.
  2. la météo.
  3. la politique.
  4. les jeux vidéo.
  5. le sport.

e. Quel est le sport préféré d'une des filles ?
  1. Le basket.
  2. Le tennis.
  3. Le volley.

Expression orale

2 Choisis un des deux sujets.

a. Que fais-tu pendant ton temps libre ?

b. Qu'est-ce que tu adores et qu'est-ce que tu détestes ? Pourquoi ?

Compréhension écrite

3 Lis le document et réponds aux questions.

a. De quel type de document s'agit-il ?
b. Qu'est-ce qui est annoncé ?
c. Quelles sont les dates pour participer ?
d. Quel âge faut-il avoir ?
e. Que peut-on gagner ?
f. Que doit-on faire pour participer ?

Expression écrite

4 Choisis un des deux sujets.

a. Écrire un mél.
  Un(e) ami(e) t'a parlé du concours Jules-Verne mais tu n'as pas vu la publicité. Tu écris aux organisateurs pour demander des informations.

b. Écrire une lettre amicale.
  Tu écris à un(e) ami(e) pour lui proposer de participer avec toi au concours Jules-Verne. Donne-lui les renseignements utiles.

Bravo ! Vous avez réussi la première étape ! Vous êtes maintenant vingt équipes en compétition !

VISITE GUIDÉE

Pour passer la 2e étape, apprends à :

- présenter et décrire un lieu, le localiser   pp. 28-31
- donner ton avis, demander une opinion   pp. 30-31
- accepter ou rejeter une proposition   pp. 30-31

Tu vas aussi découvrir :

- *Les Vacances du petit Nicolas* de Sempé   pp. 36-37
- la Francophonie   pp. 38-39

www.francovision.fr

Grand Jeu-Concours Francovision

Deuxième étape (2/6) :
Êtes-vous de bons reporters ?

Faites un reportage sur un site
ou un événement culturel en France
(festivals, musées, parcs thématiques...).
Donnez envie aux touristes étrangers
de venir visiter la France !

Date limite : le 15 novembre.
Bon courage !

EMMA. – Lucas n'est toujours pas là ? On devrait commencer !

JULIE. – Attends, il arrive !

LUCAS. – Désolé. Vous en êtes où ?

EMMA. – On vient de commencer...

MAXIME. – Regardez ! On pourrait prendre cette photo pour le reportage ! Elle n'est pas mal, non ?

ÉTIENNE. – Fais voir ! Bof ! À mon avis, c'est nul.

JULIE. – Étienne a raison, ce n'est pas une bonne idée : le Futuroscope, c'est un parc que tout le monde connaît et qui est dans tous les guides touristiques.

ÉTIENNE. – Et qu'on a déjà vu dans plein de reportages !

EMMA. – Et Étienne devant la mini-tour Eiffel ?

MAXIME. – Fais voir ! C'est où ?

ÉTIENNE. – À France Miniature. C'est un endroit où tous les monuments sont de la taille d'un homme !

EMMA. – Ah, ça, c'est une bonne idée ! Qu'est-ce que vous en pensez ?

JULIE. – Moi, je suis d'accord ! Ça me semble très bien !

EMMA. – Eh, oh ! Les gars, on pourrait avoir votre avis ? Ça vous plaît ou pas ?

MAXIME. – Oui, si vous voulez...

ÉTIENNE. – Moi, ça m'est égal !

EMMA. – Julie, regarde cette photo... tu reconnais le garçon qui est déguisé... avec une queue de poisson ?

LUCAS. – C'est moi à Dunkerque, le jour où je suis allé au carnaval avec Emma et ses parents !

JULIE. – Tu es très mignon en sirène !

LUCAS. – Mais je ne suis pas déguisé en sirène !

ÉTIENNE. – Ah bon ? Tu es déguisé en quoi, alors ?

LUCAS. – En Poséidon, le dieu de la Mer !

Un choix

> Lucas n'est toujours pas là ? On devrait commencer !

Observe les documents

1 Réponds aux questions.

a. Où sont les cinq amis ? Que font-ils ? Pourquoi ?

b. Quels monuments et quelles personnes reconnais-tu sur les photos ?

c. À ton avis, pourquoi Lucas n'est-il pas content ?

Tu comprends ?

2 Écoute et choisis la bonne réponse.

a. Quand Lucas arrive, ses amis *sont en train de/ viennent de* choisir la photo pour le reportage.

b. À France Miniature, on trouve *des monuments/ des jouets* miniatures.

c. *Emma/Étienne* est allé(e) à France Miniature.

d. Lucas est allé au carnaval de Dunkerque *avec ses parents/avec Emma et ses parents.*

3 À ton avis, quelle photo vont-ils choisir ?

4 Lis le dialogue et retrouve les mots ou les expressions pour dire :

a. On l'a déjà vu dans *beaucoup de* reportages. ➤ ...

b. Eh, oh ! Les *garçons* ! ➤ ...

c. *Pour moi, c'est la même chose.* ➤ ...

difficile

Grammaire

Les pronoms relatifs *qui, que, où*

5 a Retrouve dans le dialogue la phrase
équivalente.

1. C'est un parc. Tout le monde connaît
ce parc. = *C'est un parc...*

2. C'est un endroit. Dans cet endroit, tous les monuments sont de la taille d'un homme. = *C'est...*

3. Tu reconnais le garçon ? Il est déguisé. = *Tu...*

4. C'est un jour. Ce jour-là, je suis allé au
carnaval. = *C'est le...*

5 b Que remplacent *qui, que* et *où* dans
l'exercice 5a ? Associe.

1. *Qui* remplace ... .

2. *Que* (ou *Qu'*) remplace ... .

3. *Où* remplace ... ou ... .

a un sujet

c un COD

b un complément de temps

d un complément de lieu

➤ Entraîne-toi pp. 32-33

Mes mots

6 a Retrouve dans le dialogue les différentes
expressions pour donner son avis.

Ex. À mon avis...

6 b Tu connais d'autres expressions ?

ORAL

7 À trois, prenez chacun un rôle : le père,
la mère ou l'enfant. Imaginez une
conversation pour arriver à un accord.

Vous voulez partir en excursion en famille
(parc thématique, musée, festival...).
Chacun donne ses idées, son opinion.

Utile...

À mon avis

C'est nul !

On pourrait

Ça m'est égal !

Je suis d'accord

Tu as raison !

➤ Entraîne-toi pp. 32 à 35

Idées
pour le week-end

À dé

France Miniature

Situé près de Paris, France Miniature vous invite à découvrir un site unique et fantastique. Vous y entrerez et, comme par magie, vous pourrez faire le tour de la France en quelques heures seulement ! En effet, les monuments les plus célèbres de France y sont représentés en miniature : la tour Eiffel, le pont du Gard, les châteaux de la Loire, le Mont-Saint-Michel, le théâtre d'Orange et même le stade de France. Une attraction inoubliable ! Vous en repartirez enchantés après avoir vu plus de 140 monuments, 150 paysages de France reconstitués, ainsi que 60 000 personnages.

Ce site magique se trouve dans la région parisienne, à Élancourt, à 10 km du château de Versailles. Bonne promenade en famille ou entre amis dans le plus grand parc miniature d'Europe.

Visite libre ou guidée :
http://www.franceminiature.com

Observe les documents

1 Réponds aux questions.

a. De quel type de document s'agit-il ?

b. Comment s'appelle le parc présenté dans l'article ?

c. Observe les photos. À ton avis, que peut-on voir et faire dans ce parc ?

Tu comprends ?

2 Choisis la/les bonne(s) réponse(s).

a. Dans ce parc, on peut voir une reproduction des monuments :
  1. du monde entier.
  2. de pays francophones.
  3. européens.
  4. français.

b. Le parc se trouve :
  1. à Paris.
  2. dans la région parisienne.
  3. loin de Paris.
  4. à côté de Paris.

3 Retrouve le nom de ces monuments dans le texte et localise-les sur la carte p. 127.

a. *Ils se trouvent dans l'ouest de la France, au bord de la Loire.*

couvrir...

b. *Il est situé à Saint-Denis, dans la région parisienne.*

c. *Il est situé à Orange, à 200 km au sud de Lyon.*

Grammaire

Les pronoms *en* et *y* compléments de lieu

4 a Trouve dans le texte les mots équivalents.

1. Vous entrerez *sur ce site* et, comme par magie, vous pourrez faire le tour de la France en quelques heures ! ➤ ...
2. Les monuments les plus célèbres de France sont représentés *sur ce site*. ➤ ...
3. Vous repartirez *du site* enchantés. ➤ ...

4 b Dis pour chaque phrase s'il s'agit :

1. du lieu où l'on est/où l'on va.
2. du lieu d'où l'on vient/d'où l'on part.

5 Complète le tableau avec *en* et *y*.

| Pour remplacer le lieu... ||
où l'on est/où l'on va	d'où l'on vient/ d'où l'on part
Dans ce collège ? J'... suis depuis la 6e. Au Futuroscope ? On ... va ce week-end.	Tu veux rentrer dans ce magasin ? Mais on ... sort !

➤ Entraîne-toi pp. 34-35

ÉCRIT

Mes mots

6 a Lis les phrases. Quels adjectifs donnent une opinion positive ? Et négative ?

1. C'est un endroit unique ! Magnifique, inoubliable et... paradisiaque !
2. Cet endroit n'est pas intéressant ! C'est horrible ! Je suis déçu(e) !
3. Cette ville a beaucoup de monuments célèbres, anciens ou modernes, mais tous superbes !

6 b Décris un endroit que tu adores/ détestes. Utilise les adjectifs de l'exercice 6a et les pronoms *où*, *que* ou *qui* ainsi que *en* et *y*. Compare avec ton/ta voisin(e).

À toi !

7 Vous participez à la rubrique « Idées pour le week-end » d'un magazine.

– À quatre. Vous choisissez le thème du reportage (parc thématique, musée, festival...).

– Puis seul(e), tu écris un court article sur ce thème : tu le présentes, tu le situes et tu le décris en donnant ton opinion.

– Ensuite, comparez vos textes et votez pour l'article que vous préférez.

Utile...

Ce parc est situé... | Il se trouve...

Vous y découvrirez...

C'est un endroit magnifique !

➤ Entraîne-toi pp. 32 à 35

Donner son avis, demander une opinion

On devrait (+ infinitif)

On pourrait (+ infinitif)

À mon avis...

Elle n'est pas mal, non ?

Qu'est-ce que vous en pensez ?

Ça vous plaît ou pas ?

Accepter une proposition

Étienne a raison.

Ça, c'est une bonne idée !

Je suis d'accord.

Ça me semble très bien !

Rejeter une proposition

Bof !

Ce n'est pas une bonne idée.

C'est nul !

Exprimer son indifférence

Oui... si vous voulez...

Ça m'est égal !

Présenter un lieu et le décrire

C'est un lieu/un endroit...

– fantastique, inoubliable, magique, magnifique, paradisiaque, unique, pas intéressant, horrible...

– avec des monuments célèbres, anciens, modernes, superbes...

Localiser un lieu

Le parc se trouve/est situé...

– à Élancourt, en Auvergne, dans la région parisienne, dans le sud...

– (tout) près de Paris, (pas très) loin de..., à côté de..., dans les environs de...

– à 10 kilomètres de...

Atelier

Les pronoms relatifs *qui, que, où*

1 Choisis le pronom qui convient.

a. Le château *qu'/où/qui* est sur la photo, c'est Versailles.

b. L'excursion *où/qu'/que* on te propose est très intéressante.

c. Le musée *où/qui/que* se trouve *La Joconde*, c'est le Louvre ?

d. Le parc *que/qu'/où* on peut voir une reproduction des monuments français, c'est France Miniature.

> **Attention !**
> *que* + voyelle ou *h* muet ➤ *qu'*
> Ex. C'est le parc *qu'il a visité.*

2 Associe les phrases et relie-les avec un pronom.

a. Le Mont-Saint-Michel, c'est un endroit...

b. Le pont du Gard, c'est un pont...

c. Le Futuroscope, c'est un parc...

d. 1889, c'est l'année...

1. ... se trouve à Poitiers.

2. ... les Romains ont construit il y a 2 000 ans.

3. ... on a construit la tour Eiffel.

4. ... viennent des milliers de touristes en été.

langue

3 Complète la publicité avec *qui, que, où*.

Visitez Paris à vélo !

Vous souhaitez visiter Paris d'une manière originale ? Le vélo est un moyen de transport … vous enchantera !

Les promenades … nous organisons à travers la capitale sont nombreuses et variées : le Vieux-Paris, Paris la nuit, la campagne à Paris. Tous les lieux … vous vous arrêterez vous feront rêver ! Les guides … vous accompagnent sont des conférenciers expérimentés et les tarifs … nous pratiquons sont très intéressants.

Tous les dimanches à 14 h, venez donc participer à nos balades guidées à vélo. C'est une expérience unique … vous n'oublierez pas !

**Informations et réservation sur
www.parisvelos.fr**

4 Complète avec *qui, que, où* et devine de quoi il s'agit.

a. C'est un lieu … est situé en région parisienne et … la France a gagné la coupe du monde en 1998.

b. C'est un tableau … Léonard de Vinci a peint et … est exposé au musée du Louvre.

c. C'est un monument parisien … mesure plus de 300 mètres et … des millions de touristes visitent chaque année.

d. C'est un pays … on peut admirer les pyramides et … se trouve au bord de la mer Méditerranée.

e. C'est un parc … se trouve près du château de Versailles et … sont représentés les monuments les plus célèbres de France.

5 Invente la fin des phrases suivantes.

a. Un parc thématique, c'est un lieu où …

b. Notre-Dame de Paris, c'est une cathédrale que …

c. 1998, c'est l'année où …

d. Gustave Eiffel, c'est l'architecte qui …

C'est <u>un parc</u> **qui** contient 140 monuments en miniature.	**Sujet**
C'est <u>le monument</u> **que** Paris a adopté comme symbole.	**Ct d'objet direct**
C'est <u>une ville du Nord</u> **où** a lieu un carnaval très important.	**Ct circonstanciel de lieu**
1997, c'est <u>l'année</u> **où** on a construit le stade de France.	**Ct circonstanciel de temps**

Les pronoms *en* et *y* compléments de lieu

6 a Associe.

> **1.** On peut y voir des personnages déguisés dans les rues. ➤ …
>
> **2.** On peut y visiter la chambre du roi Louis XIV. ➤ …
>
> **3.** On peut y admirer un chef-d'œuvre de l'architecture romaine. ➤ …
>
> **a.** Au château de Versailles.
>
> **b.** À Orange.
>
> **c.** Au carnaval de Dunkerque.

6 b Fais des phrases semblables pour les lieux suivants.

> **1.** À France Miniature…
>
> **2.** À Paris…
>
> **3.** Au parc Astérix…

Le parc Astérix

7 Complète avec *en* ou *y*.

> **a.** En haut de la tour Eiffel ? J'… suis monté au moins quatre fois !
>
> **b.** Et votre excursion en Auvergne ? Vous … revenez contents ?
>
> **c.** Lucas n'est pas chez Emma ! J'… viens et je ne l'ai pas vu.
>
> **d.** En Espagne ? On … va pour les prochaines vacances.
>
> **e.** Le spectacle de Bartabas ? On … sort émerveillé !

8 Lis la carte postale que reçoit Lucas et réponds aux questions en utilisant *en* ou *y*.

> *Ex. Est-ce que Bruno est allé seul à Angoulême ?*
> → *Non, il y est allé avec ses parents.*
>
> **a.** Est-ce que Bruno est à Angoulême pour les vacances ? ➤…
>
> **b.** Pourquoi les amateurs de BD vont à ce festival ? ➤ …
>
> **c.** Quel auteur a-t-il rencontré à l'espace Jeunesse ? ➤ …
>
> **d.** Est-ce que Bruno repartira du festival avec des nouveautés ? ➤…

Salut Lucas !

Comment vas-tu ? Moi, ça va super bien ! Je passe le week-end à Angoulême avec mes parents pour le festival de la bande dessinée. Il y a un monde fou car tous les amateurs de BD viennent ici chaque année pour découvrir les nouveautés et rencontrer des auteurs du monde entier.

À l'espace Jeunesse, j'ai même discuté avec Zep, l'auteur de Titeuf : c'est ma BD préférée ! En plus, je repartirai de ce festival avec plein de nouvelles BD, c'est vraiment génial !

À bientôt j'espère !

Bruno

angue

9 a Observe le programme de ce touriste et pose des questions à ton/ta voisin(e). Il/Elle répond avec *en* ou *y*.

Ex. Quand est-ce qu'il arrive à Paris ?
→ Il y arrive le jeudi 4 novembre.
Combien de temps passe-t-il au Mont-Saint-Michel ? → Il y passe deux jours.

NOVEMBRE

Lundi	1	
Mardi	2	
Mercredi	3	
Jeudi	4	Paris
Vendredi	5	
Samedi	6	
Dimanche	7	
Lundi	8	
Mardi	9	
Mercredi	10	Châteaux
Jeudi	11	de la Loire
Vendredi	12	
Samedi	13	
Dimanche	14	Futuroscope,
Lundi	15	Poitiers
Mardi	16	
Mercredi	17	
Jeudi	18	
Vendredi	19	
Samedi	20	
Dimanche	21	
Lundi	22	
Mardi	23	
Mercredi	24	
Jeudi	25	
Vendredi	26	Mont-Saint-
Samedi	27	Michel
Dimanche	28	
Lundi	29	Départ France
Mardi	30	

Pour remplacer le lieu...

où l'on est	Je ne suis pas sur cette photo. = Je n'**y** suis pas.
où l'on va	Je vais en France tous les étés. = J'**y** vais tous les étés.
d'où l'on part d'où l'on vient	On repart enchantés du Futuroscope ! = On **en** repart enchantés ! On vient de France Miniature. = On **en** vient.

9 b Pose des questions à ton/ta voisin(e) sur le programme de sa journée ou de sa semaine. Il/Elle répond en utilisant *en* ou *y*.

Ex. À quelle heure est-ce que tu arrives au collège le matin ? → J'y arrive à 8 h 30.
Quand est-ce que tu sors du cours de français ? → J'en sort à 17 h 00.

Rappelle-toi !

– *En* remplace un complément introduit par *de, d', du, de la, de l', des* ;
– *Y* remplace un complément introduit par *à, au, à la, à l', sur, en, dans, chez...*

Phonétique
L'accent d'insistance

1 Écoute les phrases. Tu entends une différence ?

a. Je ne suis pas d'accord./
b. Je ne suis **pas** d'accord !
c. C'est un endroit charmant./
d. C'est un endroit **char**mant !
e. Je trouve ça horrible./
f. Je trouve ça **ho**rrible !

2 a Lis en insistant sur les syllabes en gras.
1. Je trouve ça **gé**nial !
2. C'est une expérience **i**noubliable !
3. C'est vraiment **fan**tastique !
4. **Su**perbe, ce monument !

2 b Écoute pour vérifier.

3 a Prononce les mots en gras avec un accent d'insistance.
1. On est **enchantés** de notre week-end.
2. – Moi, ça me semble une **excellente** idée !
   – Eh bien pour moi, c'est une **très** mauvaise idée !

3 b Écoute pour vérifier.

4 Invente des phrases avec un accent d'insistance.

On part où

En résumé...

Tous les ans, les parents de Nicolas se disputent pour savoir où ils vont aller passer leurs vacances. Mais cette année, apparemment, c'est Papa qui décide.

Extrait

C'est papa qui décide.

Hier, après le dîner, Papa nous a regardés, l'air fâché et il a dit :

– Écoutez-moi bien ! Cette année, je ne veux pas de discussions, c'est moi qui décide. Nous irons dans le Midi.
5 J'ai l'adresse d'une villa à louer à Plage-les-Pins. [...]

– Eh bien, mon chéri, a dit Maman, ça me paraît une très bonne idée. [...]

– Tu vas voir, Nicolas, m'a dit Papa, nous allons faire des parties de pêche terribles, tous les deux. [...]

10 – C'est très bien, mon chéri, a répondu Maman, bien qu'en Méditerranée il paraît qu'il n'y a plus beaucoup de poissons. [...]

– Et alors, j'ai dit, des poissons [...] il y en a où ? [...]

– Il y en a dans l'Atlantique, mon chéri, m'a dit Maman. [...]

Alors, moi je me suis mis à pleurer, parce que c'est vrai ça,
15 c'est pas drôle d'aller à une mer où il n'y a pas de poissons.

– Et la plage, c'est des galets* ? a demandé Maman. [...]

– Non, madame ! Pas du tout ! a crié Papa tout content. C'est une plage de sable ! De sable très fin ! On ne trouve pas un seul galet sur cette plage ! [...]

20 Et moi j'ai recommencé à pleurer, parce que c'est vrai que c'est chouette de faire ricocher* des galets sur l'eau.

– Moi, je veux faire des ricochets ! j'ai crié.

– Tu en feras peut-être l'année prochaine, m'a dit maman, si Papa décide de nous emmener à Bains-les-Mers, [...] là où il y a l'Atlantique, beaucoup de poissons et un gentil petit hôtel qui donne sur une plage de sable et de galets.

– Moi, je veux aller à Bains-les-Mers ! j'ai crié. Moi, je veux aller à Bains-les-Mers !

– Mais, mon chéri, a dit Maman, il faut être raisonnable,
30 c'est Papa qui décide.

Papa s'est passé la main sur la figure, il a poussé un gros soupir et il a dit :

– Bon, ça va ! J'ai compris. Il s'appelle comment ton hôtel ?

D'après ***Les Vacances du petit Nicolas*** de Sempé et Goscinny.

en vacances ?

Goscinny & Sempé

Histoires inédites
du Petit Nicolas

IMAV éditions

Avant de lire le texte

1 Fais une enquête dans ta classe.

   a. Qui connaît le petit Nicolas ?

   b. Dans chaque famille, qui prend les décisions ?

Maintenant, lis le texte

2 Réponds aux questions.

   a. De quoi parle la famille ?

   b. Ont-ils une conversation ? une dispute ? une explication ? Quel ton utilisent-ils ?

   c. Sont-ils d'accord sur la destination des vacances au début ? Et à la fin ?

3 Le père, la mère ou Nicolas ? Qui veut...

   a. aller en Méditerranée ?/sur la Côte atlantique ?

   b. louer une maison ?/aller à l'hôtel ?

   c. une plage de sable ?/une plage de galets ?

4 Complète avec *qui, que, où* et devine de quoi il s'agit.

   a. C'est la région ... le père de Nicolas veut passer les vacances. ➤ C'est le ...

   b. Il y a un gentil petit hôtel ... donne sur une plage. ➤ C'est le village de ...

   c. C'est le jeu ... Nicolas pratique sur la plage avec des galets. ➤ C'est faire ...

5 Négociations.

   a. Quelle stratégie utilise la mère de Nicolas pour décider du lieu des vacances : elle se fâche ou elle est d'accord avec son mari ?
Relève les phrases du texte qui le montrent.

   b. Et Nicolas ? Que fait-il ?
Relève les verbes qui le montrent.

6 Quel caractère !

Quel semble être le caractère de Nicolas ? Et de ses parents ? Choisis les adjectifs qui conviennent.
sage – têtu(e) – autoritaire – poli(e) – calme – nerveux(se) – sensible – dynamique – raisonnable

Atelier d'écriture

Les verbes du discours

Nicolas est un enfant et quand il parle, il fait beaucoup de répétitions.
Par exemple, pour introduire ses paroles ou celles de ses parents, il utilise seulement quatre verbes différents.

7 a Compte, dans le texte, combien de fois il utilise :

   1. dire : *il a dit/j'ai dit, (m') a dit Maman...*

   2. répondre : *a répondu Maman...*

   3. demander : *a demandé Maman...*

   4. crier : *j'ai crié, a crié Papa...*

> **Attention !**
> Il existe de nombreux autres verbes du discours pour décrire l'intention, le ton de la voix, l'humeur... de la personne qui parle : *hurler – expliquer – murmurer – annoncer – s'énerver...*

7 b Choisis l'un des verbes du 7a ou du post-it et prononce la phrase suivante avec la bonne intonation.
Ex. crier.
« Il n'y a pas de galets sur cette plage ! »

7 c Complète la liste de verbes et compare avec la classe.

7 d Remplace les répétitions du texte par d'autres verbes. Compare avec ton/ta voisin(e).

La Suisse

Le Vietnam

Le Québec

Madagascar

Voyage à travers la Francophonie

Qu'est-ce que la Francophonie ?

Le mot **Francophonie** a été créé en 1880 ; il vient du grec *phône* (= son, voix) et de *franc*, le nom du peuple qui a donné son nom à la France.

La Francophonie, ce sont 175 millions de personnes qui parlent français dans le monde.

Où est-ce qu'on parle français ?

En France, bien sûr, mais pas seulement : regarde la carte !

Comment le français s'est-il diffusé dans le monde ?

En Europe :
Le français est parlé en Europe parce qu'il y a 200 ans, le français était la langue utilisée dans les relations diplomatiques.

Sur les autres continents :
Le français s'est développé en raison des anciennes colonies françaises (les Antilles, le Canada, certains pays d'Afrique...) ; ce sont des territoires que la France a colonisés et qui sont devenus ensuite indépendants. Mais certains ont conservé la langue française comme l'une des langues officielles.

Observe les documents

1 Trouve sur la carte des noms de lieux où l'on parle français.

  a. Trois pays : un en Asie, un en Amérique du Nord et un en Océanie.

  b. Deux pays en Afrique.

  c. Trois pays en Europe.

  d. Un département français sur le continent sud-américain.

La Semaine de la langue française et de la Francophonie

Depuis plus de dix ans, au mois de mars, on célèbre la Semaine de la langue française et de la Francophonie. Des jeux, des spectacles, des concours sont organisés dans tout le monde francophone. Chacun est invité à jouer en écrivant des poèmes, des chansons, des contes à partir de dix mots sélectionnés...

L'Égypte

53 États et gouvernements membres de l'OIF (Organisation internationale de la Francophonie)

Part des francophones dans la population totale
- 50 à 100 %
- 30 à 50 %
- 10 à 30 %
- moins de 10 %

• État où le français est langue officielle ou administrative
▣ minorité francophone

Algérie et Israël ne sont pas membres de l'OIF.

2 500 km
échelle à l'équateur

---

2 Vrai ou faux ? Corrige les affirmations fausses.

a. **17,5 millions** de personnes parlent le français dans le monde.

b. Le mot « Francophonie » est né en **1808**.

c. Il y a **200** ans, le français était très utilisé dans les relations internationales.

d. On célèbre la Semaine de la langue française et de la Francophonie depuis plus de **20** ans.

e. Pour fêter la Semaine de la langue française, on choisit chaque année **10** mots différents.

À toi !

3 Est-ce que ta langue est parlée dans d'autres pays ?

4 Est-ce que la Semaine de la langue française et de la Francophonie te semble une bonne idée ? Pourquoi ?

5 Tu décides de faire un voyage en Francophonie. Où décides-tu d'aller ? Pourquoi ?

Projet

6 Cherche les mots choisis pour cette année sur le site http://www.semainelf.culture.fr/ (Semaine de la langue française).

Cherche le sens de ces mots dans le dictionnaire. Puis choisis un des mots et fais une phrase (ou imagine un petit poème ou un conte) accompagnée d'un dessin pour la représenter.

7 À quatre. Complétez le reportage photo sur votre pays de l'Étape 1 (activité 6 page 23). Recherchez...

a. l'origine du nom de votre pays.

b. le nombre d'habitants.

c. les différentes langues parlées (s'il y en a plusieurs).

d. le jour de la fête nationale et ce qu'on y célèbre ce jour-là.

L'apprenti sorcier

Chapitre 2

Pas avant minuit

Le lendemain matin, la voix de Ludovic m'a réveillé. Il parlait dans la cuisine avec Lucie, Marion et Sébastien. Il était furieux.

– Ma mère adorait cette pendule !

– Elle n'a pas disparu comme ça, par magie, a répondu Lucie.

Aussitôt, mon rêve est revenu dans mon esprit. J'ai murmuré :

– La pendule !

Je me suis levé pour aller vérifier. Mais quand je suis passé devant la cuisine, Ludovic a crié.

– Où tu cours comme ça, Harry ?

– Moi ? Nulle part.

Je n'ai pas eu le courage de raconter mon rêve. Ce petit déjeuner a été le plus long de toute ma vie. Je pensais à une seule chose : la pendule ! Où pouvait être cette maudite pendule ? Elle était le sujet de la conversation. Tous mes amis imaginaient un scénario différent.

– Quelqu'un est entré dans la maison pendant la nuit, a dit Marion.

– Tu es sûre ?

– Oui, j'ai entendu des pas dans l'escalier.

1 Choisis la bonne réponse.

a. Ludovic est furieux car...

1. Harry n'est pas encore réveillé.

2. la pendule a disparu.

b. Marion pense...

1. qu'un voleur est entré dans la maison.

2. qu'il ne faut pas s'inquiéter.

c. Harry ne raconte pas son rêve car...

1. il ne s'en souvient pas.

2. il pense qu'il est responsable de la disparition de la pendule.

d. Harry ne sort pas se promener car...

1. il est trop fatigué.

2. il veut rester seul.

e. La formule magique prononcée par Harry...

1. a fait réapparaître la pendule.

2. n'a pas fait réapparaître la pendule.

2 Chasse l'intrus qui s'est glissé dans chaque liste de mots.

a. dire – entendre – crier – murmurer – raconter

b. se lever – se précipiter – imaginer – se promener

c. matin – nuit – jour – soir – impossible

d. pendule – horloge – clef – montre

– Pourquoi tu n'as rien dit ? a demandé Sébastien.

– Il a raison ! a ajouté Ludovic. Il fallait nous prévenir !

– J'avais peur de sortir de mon lit, a dit Marion.

Ce n'était donc pas un rêve. C'était vrai. Il s'agissait de mes pas. Non. Impossible. Je devais vérifier. Je devais découvrir la clef du mystère.

Le petit déjeuner terminé, je me suis précipité dans le salon. Et là, j'ai vu que la pendule n'était plus là. Elle avait disparu d'un coup de baguette magique ! J'étais donc un sorcier. Un vrai sorcier !

Marion, Lucie, Ludovic et Sébastien sont allés se promener dans la campagne. Moi, je suis resté à la maison pour être seul.

Je suis monté dans ma chambre, j'ai pris la baguette magique, puis je suis retourné dans le salon pour faire réapparaître la pendule.

– Abracadabulle ! Reviens pendule !

Mais la pendule n'est pas revenue.

J'ai murmuré d'autres formules, sans résultat.

Alors, j'ai décidé d'attendre minuit.

4 Retrouve la clef.

a. une clef de sol

b. une clef anglaise

c. une clef de voûte

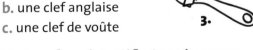

3 Dans quelle pièce de la maison Harry aurait-il pu faire disparaître les objets suivants ?

une table de nuit

des cuillères à soupe

dans la chambre

un fauteuil   un oreiller

dans le salon

un four à micro-ondes

dans la cuisine

un réfrigérateur   un canapé

5 Vrai ou faux ? Justifie tes réponses.

a. La pendule a réapparu dans la cuisine.

b. Sébastien n'a pas voulu prendre son petit déjeuner.

c. Marion a entendu quelqu'un dans l'escalier pendant la nuit.

d. Harry a trouvé une clef dans le salon.

e. Ludovic part se promener dans la campagne.

Fais le point 2

DELF A2

Compréhension orale

1 Écoute et réponds aux questions.

a. Dans quels dialogues la négociation se termine sur un accord ? Et un désaccord ?

b. Dans quels dialogues entends-tu les phrases suivantes ?

		Dialogue		
		1	**2**	**3**
Proposer	On pourrait...		X	X
	On devrait...			
	Qu'est-ce que tu en penses ?			
	À mon avis...			
Accepter	Pourquoi pas.			
	Tu as raison.			
	Bon, d'accord.			
Refuser	Bof.			
	Ce n'est pas une bonne idée.			

Expression orale

2 Choisis un des deux sujets.

a. Tes parents ont décidé de rester à la maison pendant le week-end. Tu n'es pas d'accord. Propose tes idées pour les faire changer d'avis.

b. Décris le parc thématique ou le musée, le festival, la fête... du pays que tu préfères.

Compréhension écrite

3 Lis le document et réponds aux questions.

a. Qui écrit ? À qui ?

b. Pourquoi écrit-elle ?

c. Avec qui se trouve-t-elle ?

Chers parents,

Aujourd'hui avec la classe on est dans la région parisienne : on visite le château de Versailles. C'est vraiment immense ! 700 pièces, plus de 2 000 fenêtres, presque 30 000 peintures, sculptures, objets d'art... Magnifique ! Et vous savez, c'est un des monuments les plus visités d'Europe ! 10 millions de visiteurs par an, ça fait beaucoup de monde ! L'État va le rénover et ça va durer dix-sept ans ! Incroyable, non ?

Enfin, c'est fantastique !

Bises, et à la semaine prochaine !

Zoé.

d. Quand rentre-t-elle ?

e. De quel lieu parle-t-elle dans la carte postale ?

f. Quels renseignements donne-t-elle sur le lieu de la visite ?

g. Est-ce qu'elle apprécie la visite ? Quels adjectifs le montrent ?

Expression écrite

4 Présente ton endroit/événement préféré.

> ... est un parc qui se trouve...
> un festival où...
> un musée qui est situé...
> Vous pourrez y... (+ activités, description)
> Vous y passerez un moment... (+ adjectifs)
> Vous en reviendrez...

Félicitations ! Vous êtes l'une des quinze équipes sélectionnées pour la troisième étape. Bonne chance !

Le passé, c'est dépassé ?

Pour passer la 3e étape, apprends à :

- comparer deux époques   pp. 44-45
- parler d'une époque passée   pp. 44-47
- situer dans le temps   pp. 44-47

Tu vas aussi découvrir :

- des extraits de *Encore des pourquoi* de Philippe Vandel   pp. 52-53
- des personnages et des événements qui ont marqué l'Histoire de France   pp. 54-55

www.francovision.fr

Grand Jeu-Concours Francovision

Troisième étape (3/6) :
C'était comment avant ?

Êtes-vous de bons enquêteurs ?
Pourriez-vous dire comment était la vie des gens dans le passé? Comment ont changé les habitudes, les traditions…?
Faites une enquête sur les changements importants dans la vie des personnes qui vous entourent (traditions, habitudes, progrès…) et envoyez-nous le résultat de vos recherches.

Date limite : le 15 janvier.
Bonne continuation !

Test
Es-tu nostalgique du passé ?

Choisis les sept phrases qui correspondent le mieux à ta vision du passé.

1. Autrefois, les élèves travaillaient plus parce que les professeurs étaient plus sévères que les professeurs d'aujourd'hui. ♠

2. La vie était moins chère qu'actuellement et on sortait plus souvent. ♠

3. La plupart des gens connaissaient bien leurs voisins et avaient de meilleures relations avec eux. ♠

4. Dans le passé, la science n'était pas aussi développée et nous ne savions pas autant de choses. ◆

5. Les ados avaient moins de loisirs. ◆

6. Les jeunes ne jouaient pas autant à l'ordinateur et passaient moins de temps devant la télé et plus de temps avec leurs amis. ♠

7. Plus de gens mouraient de maladies. ◆

8. Avant l'invention de la machine à laver, de l'aspirateur, etc., les femmes travaillaient beaucoup plus. ◆

9. On polluait moins l'environnement. ♠

10. Les gens mangeaient mieux avant que maintenant : les repas étaient plus variés et plus équilibrés. ♠

11. Les jeunes étaient mieux éduqués. ♠

12. Les jeunes ne pouvaient pas s'exprimer aussi librement que de nos jours. ◆

13. La majorité de la population ne voyageait pas aussi souvent ni aussi loin qu'à l'heure actuelle. ◆

14. Les jeunes finissaient leurs études moins tard et trouvaient plus facilement du travail. ♠

Observe le document

1 Lis le titre. Réponds à la question et dis pourquoi.

Tu comprends ?

2 Quels sujets sont abordés dans le test ?

les loisirs – la mode – l'environnement – la liberté d'expression – le sport – les médias – les habitudes alimentaires – les fêtes traditionnelles – la science et les progrès – les transports – les études et le travail – la politesse

3 a Associe les dessins suivants et les photos pages 44 et 45 à des phrases du test.

3 b Mime une des phrases du test à la classe. Tes camarades devinent de quelle phrase il s'agit.

4 Fais le test et lis les résultats.

Grammaire

L'imparfait

5 Observe. À ton avis, l'imparfait exprime une action présente, passée ou future ?

Maintenant, les jeunes **passent** plus de temps devant la télé. (Présent)

Avant, ils **passaient** plus de temps avec leurs amis. (Imparfait)

6 a Observe les phrases du test et complète le tableau.

Infinitif	Imparfait	Présent
travailler	Les femmes...	Nous **travaill**ons
finir	Les jeunes...	Nous **finiss**ons
pouvoir	Les jeunes ne... pas	Nous **pouv**ons
être	La vie...	Nous **sommes**

6 b Observe le radical du présent à la 1re personne du pluriel et le radical de l'imparfait. Que remarques-tu ? Quel verbe est irrégulier ?

6 c 💿 Écoute et lève la main si tu entends l'imparfait.

Résultats :

• Si tu as une majorité de ♠ : Pour toi, « avant » c'était bien mieux que « maintenant ». Tu as une vision nostalgique du passé, mais tu dois apprendre à vivre avec ton temps et apprécier les bonnes choses du présent !

• Si tu as une majorité de ♦ : Tu te sens bien dans ton époque ! Tu sais apprécier les progrès, l'évolution. Pour toi « avant » ce n'était pas mal, mais « maintenant » c'est mieux !

Le comparatif

7 a Retrouve dans le test les expressions pour comparer des adjectifs.

Infériorité (−)	Autrefois, la vie était ... **chère** ... actuellement.
Supériorité (+)	Autrefois, les professeurs étaient ... **sévères** ... les professeurs d'aujourd'hui.

7 b Complète les phrases. Que se passe-t-il avec les noms ?

Infériorité (−) et Supériorité (+)	Les jeunes passaient **moins** ... **temps** devant la télé et **plus** ... **temps** avec leurs amis.

7 c Complète les phrases. Que se passe-t-il avec l'expression de l'égalité ?

Égalité (=)	avec un verbe	Les jeunes ne **jouaient** pas ... à l'ordinateur.
	avec un nom	Nous ne savions pas ... **choses**.
	avec un adjectif	La science n'était pas ... **développée**.
	avec un adverbe	La majorité de la population ne voyageait pas ... **souvent** ni ... **loin**.

N'oublie pas !

plus (de)... que/**moins (de)**... que
aussi... que/**autant (de)**... que

ÉCRIT

8 Retrouve les équivalents dans le test.

a. Les gens mangeaient [(+) bien] que maintenant. ➤ ...

b. Les gens avaient de [(+) bonnes] relations avec leurs voisins. ➤ ...

c. Les jeunes étaient [(+) bien] éduqués. ➤ ...

➤ Entraîne-toi pp. 48 à 50

Mes mots

9 a Devine la lettre effacée dans chaque mot et retrouve sept expressions de la date.

•UTREFOIS – • L'HEURE •CTUELLE – •UJOURD'HUI – •V•NT – M•INTEN•NT •CTUELLEMENT – D•NS LE P•SSÉ

9 b Quelles expressions expriment le passé ? Le présent ?

À toi !

10 À deux, faites une enquête :

– choisissez un thème (ex. : l'école, les loisirs, la mode, les fêtes, la science, etc.) ;

– préparez six phrases sur ce thème décrivant votre propre vision du passé ;

– interrogez différents groupes pour avoir leur avis (d'accord/pas d'accord/sans opinion). *Ex. Tu penses qu'autrefois/avant les jeunes avaient plus de liberté ?*

– comptabilisez vos réponses et présentez les résultats à la classe. *Ex. 30 % des élèves pensent que...*

Utile...

à l'heure actuelle

avant

autrefois

25 % des élèves pensent que...

de nos jours

plus/moins/autant/aussi

➤ Entraîne-toi pp. 48 à 51

Enquête
Jeunes d'hier

Pardon monsieur, pardon madame, c'est pour une enquête !

JULIE. – Pardon monsieur, pardon madame, c'est pour une enquête !

HOMME. – Oui mademoiselle.

JULIE. – Est-ce que vous pensez que la vie des jeunes d'aujourd'hui est très différente de la vie des jeunes à votre époque ?

HOMME. – Bien sûr, c'est évident ! Les traditions, par exemple, elles ont beaucoup changé ! Quand j'étais jeune, on fêtait Noël, Pâques, mais pas Halloween. Nos petits-enfants qui ont treize et quinze ans, et bien en octobre, avec leurs copains, ils achètent des citrouilles ! Ils les décorent, ils les placent dans le salon, dans le jardin... Et le 31 octobre, si je me souviens bien, ils font une soirée. Nous, on leur donne un peu d'argent pour organiser leur fête, et ils se déguisent, ils dansent... Tout ça n'existait pas, il y a... cinquante ans !

DAME. – Oui, Halloween, on le fête depuis seulement trois ou quatre ans, non ?

HOMME. – Non, tu exagères ! Depuis une dizaine d'années, maintenant !

ÉTIENNE. – Et vous madame, vous pensez que la vie des jeunes a beaucoup changé ?

DAME. – Je suis d'accord ! Vous savez, quand on était jeunes, dans les années cinquante, on survivait sans téléphone portable, je vous assure ! Il y a cinquante ans, on s'écrivait plus de lettres... Mais depuis quelques années, c'est différent : vous voulez parler à un ami, et hop, vous lui téléphonez ! Tenez, notre fils a des amis au Japon et en Chine... Eh bien, avec son portable, il leur envoie des..., des... Il me dit que ça lui coûte moins cher ! Des... Comment ça s'appelle déjà ?

HOMME. – Il les appelle des « faxos », ou des « taxos »...

ÉTIENNE. – Des « textos » !

DAME. – Oui, c'est ça !

ÉTIENNE. – C'est pratiqué et plus rapide qu'un coup de fil, surtout avec les filles !

Observe les documents

1 Réponds aux questions.
- **a.** Que font Julie et Étienne ?
- **b.** À ton avis, de quoi parlent les deux personnes âgées ?

Tu comprends ?

2 🔘 Écoute. Quelles questions posent Emma et Étienne ?
- **a.** Vous pensez que la vie des jeunes a beaucoup changé ?
- **b.** Vous pensez que la vie des jeunes actuellement est très différente de la vie des jeunes dans le passé ?
- **c.** Est-ce que vous pensez que la vie des jeunes d'aujourd'hui est très différente de la vie des jeunes à votre époque ?

3 🔘 Écoute. Vrai ou faux ?
- **a.** L'homme et la femme ont la même opinion.
- **b.** Aujourd'hui, on fête Halloween en France.
- **c.** L'homme et la femme organisent une fête pour Halloween.
- **d.** Il y a cinquante ans, les jeunes connaissaient déjà les textos.

4 🔘 Écoute et trouve l'intrus.
- **a.** L'homme parle de *Pâques/la Chandeleur/Halloween/Noël*.
- **b.** Ses petits-enfants mettent les citrouilles dans *leur jardin/leur chambre/leur salon*.
- **c.** Leur fils a des amis *en Chine/au Japon/au Gabon*.
- **d.** Les textos, c'est *pratique/cher/rapide*.

et d'aujourd'hui

ORAL

> On survivait sans téléphone portable...

Grammaire

Les pronoms compléments (COD et COI)

5 Relis le texte. Que remplacent les pronoms ?

a. On **le** fête depuis une dizaine d'années.

b. Nos petits-enfants **les** décorent.

c. On **leur** donne de l'argent.

d. Vous **lui** téléphonez.

e. Mon fils **leur** envoie des textos.

1. les citrouilles
2. Halloween
3. à un copain/ une copine
4. à ses amis
5. à nos petits-enfants

6 Complète le tableau avec *le, la, l', les, lui* ou *leur*.

Verbes construits sans *à*	Complément d'objet direct
On fête Halloween depuis une dizaine d'années.	➤ On ... fête depuis une dizaine d'années.
Ils organisent leur fête.	➤ Ils ... organisent.
Ils décorent les citrouilles.	➤ Ils ... décorent.

Verbes construits avec *à*	Complément d'objet indirect
Vous téléphonez **à** un ami.	➤ Vous ... téléphonez.
Une dame parle **à** Julie.	➤ Une dame **lui** parle.
Mon fils envoie des textos **à** ses amis.	➤ Mon fils ... envoie des textos.

➤ Entraîne-toi pp. 50-51

Mes mots

7 Associe les expressions aux dessins.
pendant la préhistoire – au Moyen Âge – en mille neuf cents – depuis une trentaine d'années – dans les années trente – il y a trente-cinq ans

8 Choisis un équivalent pour « depuis ». Attention, il y a un intrus !

a. **Depuis 1961,** les hommes voyagent dans l'espace.

b. **Depuis une dizaine d'années,** on fête Halloween en France.

1. il y a... que/ça fait... que
2. après
3. à partir de

À toi !

9 À deux, proposez une énigme comme dans l'exemple. La classe devine de quoi ou de qui il s'agit.
*Ex. Au Moyen Âge, on **les** construisait pour se protéger.* ➤ *Les châteaux.*

Utile...

Pendant la préhistoire

Le   Les   Lui   En 1900

La   L'   Leur

Depuis une vingtaine d'années

➤ Entraîne-toi pp. 48 à 51

Exprimer la comparaison

Les professeurs étaient moins, plus, aussi sévères (que...)

Les élèves travaillaient moins, plus, autant (que...)

On sortait moins, plus, aussi souvent (que...)

Les jeunes passaient moins de, plus de, autant de temps devant la télé (que...)

On avait de meilleures relations avec nos voisins (que...)

Les gens mangeaient mieux (que...)

Les jeunes étaient mieux éduqués (que...)

Exprimer la date

Actuellement

Aujourd'hui

Maintenant

De nos jours

À l'heure actuelle

Hier

En octobre

Le 31 octobre

Il y a une dizaine d'années

Il y a quarante ans

Dans les années soixante, soixante-dix

Quand j'étais jeune

Avant

Au début du XXe siècle

En 1900

Au Moyen Âge

Pendant la préhistoire

Exprimer la durée

Depuis six ou sept ans

Depuis une dizaine d'années

Depuis quelques années

L'imparfait

1 Choisis la terminaison qui convient.

a. Julie voul...

b. Je sav...

c. Mes copains et moi ét...

d. Toi et ton frère dev...

e. Les jeunes finiss...

f. Tu pouv...

1. iez
2. ions
3. aient
4. ais
5. ait

2 **Écoute. Quelles terminaisons se prononcent de la même manière ?**

3 **Écoute les phrases au présent et transforme-les à l'imparfait.**

Ex. Qu'est-ce que tu écoutes ?
→ *Qu'est-ce que tu **écoutais** ?*

4 Mets les verbes entre parenthèses à l'imparfait.

a. Les jeunes ... (sortir) moins tard le samedi soir.

b. Nous ... (aller) en vacances à la mer chaque été.

c. Ma mère ... (porter) des robes à fleurs et mon père ... (avoir) les cheveux longs.

d. Tu ... (être) bonne élève à l'école ?

e. Toi et tes copains ... (faire) beaucoup de sport à l'époque ?

Formation de l'imparfait
1. On prend le radical de la 1re personne du pluriel au présent.
2. On ajoute les terminaisons de l'imparfait.

Finir	
Je **finiss**ais	Nous **finiss**ions
Tu **finiss**ais	Vous **finiss**iez
Il/Elle/On **finiss**ait	Ils/Elles **finiss**aient

Attention !

À l'imparfait, un seul verbe est irrégulier : le verbe *être*.
J'**ét**ais, tu **ét**ais, il/elle/on **ét**ait, nous **ét**ions, vous **ét**iez, ils/elles **ét**aient.

angue

5 Mets les verbes à la place qui convient.

obligeait – était – pouvions – avaient – détestais – allais – fallait – vivais – écrivions – devais

J'ai fait mes études dans les années 1950 et à l'époque, l'école … très différente ! Les élèves … moins de liberté que de nos jours. Dans mon collège, par exemple, je … porter l'uniforme, comme toutes les autres filles : une jupe, une chemise blanche et une blouse. Nous ne … pas mettre de bijoux, bien sûr ! Tous les matins, on nous … à boire un verre de lait. Moi, je … ça, donc j'… me cacher dans les toilettes ! Et puis en classe, nous … à la plume, il … faire attention à ne pas se tacher ! Quand je raconte ça à mes petits-enfants, ils me demandent si je … au temps de la préhistoire !

6 Retrouve six verbes à l'imparfait dans la grille et complète les phrases.

P	A	R	T	I	E	Z	Y	E
F	T	P	D	S	L	I	E	Z
A	D	O	R	A	I	E	N	T
I	B	U	U	V	S	Z	B	U
S	E	V	O	A	I	E	R	T
A	T	A	L	I	O	A	I	S
I	A	I	L	T	N	E	W	V
S	G	S	H	M	S	S	R	E

a. Nous … le journal tous les matins.

b. Je … aller au collège à pied.

c. Elles … la musique disco.

d. Il … danser la valse.

e. Tu … de la couture au collège.

f. Vous ne … jamais à l'étranger.

7 Trouve les erreurs. Fais des phrases avec le verbe proposé à l'imparfait.

Ex. d. À cette époque-là, on ne portait pas de montre.

manger

avoir

a.

b.

téléphoner

porter

c.

d.

prendre

e.

8 Complète les phrases, comme dans l'exemple.

Ex. Maintenant, les jeunes font de longues études, mais autrefois, peu d'élèves allaient à l'université.

a. Aujourd'hui, les gens se déplacent très facilement, mais …

b. Actuellement, c'est un président de la République qui dirige la France, …

c. De nos jours, on fait plus attention à la protection de l'environnement, …

d. Depuis 1982, les Français célèbrent la Fête de la musique le 21 juin, …

Le comparatif

9 Complète les messages publiés sur ce forum de discussion avec un comparatif.

Sujet de discussion :
La vie des jeunes à l'époque de tes parents était-elle très différente de la tienne aujourd'hui ?

Posté le 12 septembre à 18 h 21

Mon père, quand il avait mon âge, faisait ... (+) sport que moi. Mais ce n'est pas parce qu'il avait ... (+) temps libre. Il avait ... (=) cours au collège que moi aujourd'hui mais il regardait ... (–) la télé après l'école...

Malo, de Bordeaux.

Posté le 14 septembre à 16 h 51

Mes grands-parents étaient ... (+) sévères avec leurs enfants. J'ai l'impression qu'il y avait aussi ... (–) communication entre eux. C'est dommage. Moi, je discute ... (=) facilement avec mon père qu'avec ma mère. C'est important pour moi.

Lisa, de Carpentras.

10 a Choisis le comparatif qui convient.

1. Il y avait *moins/moins de* pollution.
2. J'avais *autant d'/autant* amis que toi.
3. Les étudiants étaient *moins/moins de* nombreux à l'université.
4. Nous étions *aussi/autant* heureux qu'aujourd'hui.

10 b Complète librement les phrases.

1. Mes parents faisaient moins de/d'...
2. Toi et ta sœur aviez autant de/d' ...
3. Vous pouviez apprendre plus de/d' ...
4. Les trains allaient moins ...

11 Qu'est-ce qui a changé ? Utilise les mots suivants.
embouteillages – cher – jouer – hommes/ femmes – monde – travail – pollution – bruit – arbres – oiseaux

Ex. Avant, il n'y avait pas autant d'embouteillages.

a

b

	+ verbe	+ nom	+ adjectif + adverbe
Supériorité	plus	plus de/d'	plus
Infériorité	moins	moins de/d'	moins
Égalité	autant	autant de/d'	aussi

Les pronoms compléments (COD et COI)

12 a Complète les phrases avec *à* si nécessaire.

1. On téléphone ... Lucas ?
2. Tu connais ... cette fille ?
3. Tu donneras ton numéro ... Emma ?
4. Étienne invite ... ses copains.
5. Tu écris une lettre ... tes parents ?

12 b Réécris les phrases avec un pronom pour remplacer les groupes soulignés.

angue

13 Trouve la question.

a. Je le prends les matins où mon père ne m'accompagne pas en voiture. ➤ ... ?

b. Bien sûr, nous la fêtons tous les ans ! Et ma mère fait des crêpes ce jour-là ! ➤... ?

c. Non, je ne le prends pas pour aller au collège. Ils sont interdits ! ➤... ?

d. On leur posera des questions sur les changements dans le quartier. ➤... ?

14 Complète le mél de Lucas à Étienne avec des pronoms compléments.

Supprimer Indésirable Répondre Rép. à tous Rée

De : lucas@gemail.com
Objet : enquête sur le passé
À : étienne@free.fr

Salut Étienne,
Tu ... as lue, la troisième étape du concours ? Je viens de ... découvrir et j'ai une idée ! On pourrait interroger mon voisin : il a 76 ans et il habite l'immeuble depuis longtemps. À chaque fois que mes parents ... voient, il ... raconte ses souvenirs d'enfance. Et les habitants du quartier, il ... connaît tous ! Si je ... parle de notre enquête, je suis sûr qu'il acceptera de ... aider.
Je ... appelle ce soir pour en discuter, d'accord ?
À plus tard, Lucas

15 Choisis le pronom complément qui convient.

Tu te souviens de Christiane, la fille qui habitait au-dessus de chez nous quand nous étions petits ? Papa et maman lui/l' ont rencontrée dans la rue la semaine dernière ! Christiane les/leur a demandé de nos nouvelles et les/leur a donné son numéro de téléphone. On pourrait lui/la téléphoner ce soir, qu'en penses-tu ?

Pronoms COD			Pronoms COI		
Verbe + quelqu'un/quelque chose			Verbe + **à** quelqu'un		
Il	me/m' te/t' **le, la, l'** nous vous **les**	regarde. attend.	Il	me/m' te/t' **lui** nous vous **leur**	téléphone. écrit une lettre.

Phonétique

Les accents qui modifient la prononciation du *e*

En français, pour savoir accentuer un mot, il faut connaître sa prononciation.

1 Observe.

a. Les accents servent à modifier la prononciation du *e*.
Prononce : je chante/j'ai chanté.

b. *é* se prononce [e] et *è* se prononce [ɛ].
Prononce : une étape, un frère, un élève.

2 a Observe et accentue si nécessaire les mots de la colonne de droite.

On a un **è** quand, dans la syllabe suivante, on a...	une consonne + e muet.	j'ach**e**te...
On n'a pas d'accent quand on a...	e + deux consonnes ou une double consonne.	**e**st... la T**e**rre...
	un *x*.	un **e**xemple...
Dans les autres cas on écrit **é**.		une ann**e**e...

2 b Écoute et mets des accents si nécessaire.

c'est **E**tienne, un **e**xercice, **e**lle **e**st differente, la vie **e**tait moins ch**e**re, le passe c'est depasse, les r**e**sultats de nos rech**e**rches, la troisi**e**me **e**tape, la libert**e** d'**e**xpr**e**ssion

Attention :
avec **consonne + l + e muet** et avec **consonne + r + e muet** on écrit l'accent.
Ex. un siècle, la fièvre.

Pourquoi ?

En résumé...

Dans un premier livre intitulé Pourquoi, Philippe Vandel répond à des questions que tout le monde se pose.
Après la sortie de ce livre, il a reçu des dizaines de lettres de lecteurs qui lui proposaient d'autres « pourquoi ».
Il a alors publié un second livre Encore des pourquoi où il répond à cent trente nouvelles questions.

Extraits

Texte 1

Pourquoi cogne-t-on les verres pour trinquer ?

Pour vérifier qu'ils sont solides ? Pas du tout.

D'ailleurs, la coutume nous arrive du Moyen Âge où les verres n'étaient pas en verre mais en bois ou en métal.

À cette époque-là, donc, on s'empoisonnait* pour un oui pour un
5 non (surtout pour un non, d'ailleurs !).

Comment ? On invitait la victime à boire, on versait dans son verre un peu de poison, et voilà !

Mais un beau jour, les chevaliers ont heureusement trouvé une solution : quand ils invitaient « un ami » à boire, ils rapprochaient leurs
10 verres et chacun versait un peu du contenu de son verre dans le verre de l'autre. De cette manière, si quelqu'un décidait d'empoisonner l'autre, il s'empoisonnait lui aussi.

Le geste a traversé les siècles et s'est légèrement modifié : aujourd'hui, on rapproche toujours nos verres avant de boire, on les
15 cogne, « tchin ! », mais pas pour les mêmes raisons !

D'après **Encore des pourquoi** de Philippe Vandel, Éditions Jean-Claude Lattès, 1994.

PHILIPPE VANDEL

1962

Profession : Journaliste et écrivain.

Auteur de :
• *Je ne suis pas de mon avis.*
• *Le Dico français-français*
• *Pourquoi*
• *C'est mon avis et je le partage*
Etc.

*(s') Empoisonner : donner un poison.

Avant de lire les textes

1 Lis le titre de chaque texte. Peux-tu répondre aux deux questions ? Fais des hypothèses et compare avec la classe.

Maintenant, lis les textes

2 Vrai ou faux ? Corrige les phrases fausses.

Texte 1

a. Au Moyen Âge, les « verres » étaient en bois ou en verre.

b. Pour être sûr de ne pas être empoisonné, on échangeait un peu du contenu des verres.

c. Aujourd'hui, quand on trinque on dit « chof ! ».

Texte 2

a. À l'époque du latin, les minuscules n'existaient pas.

b. On dit « écrire » sur la pierre et « graver » sur le papyrus.

c. Avant, il y avait très peu de papyrus.

d. On a inventé les lettres minuscules parce que les majuscules prenaient trop de place.

Texte 2

Pourquoi utilise-t-on deux sortes d'écritures : les majuscules et les minuscules ?

Chaque lettre s'écrit de deux façons différentes.
En minuscules et EN MAJUSCULES.
Mais pourquoi avoir compliqué la chose ?

5   Par économie !

À l'époque du latin, nos ancêtres écrivaient seulement en majuscules. En réalité, ils n'écrivaient pas : ils gravaient les mots sur de la pierre ou du bois. Plus tard, nos chers
10 ancêtres ont appris à écrire sur du papyrus (que les Égyptiens connaissaient déjà depuis plus de 3 000 ans) et sur du vélin*.

Mais le papyrus était rare et le vélin coûtait cher. Alors, à l'époque de Charlemagne, des
15 moines ont modifié leur écriture et ont dessiné de nouvelles formes de lettres, plus petites. Les copies des textes latins occupaient moins de surface et on réalisait de grandes économies de papyrus ou de vélin.

D'après *Encore des pourquoi* de Philippe Vandel, Éd. Le Livre de Poche.

Vélin : parchemin (peau de veau).

3 Quelle est la valeur du mot *on* dans les deux textes ?

a. on = nous ?
b. on = quelqu'un ?
c. on = les gens de l'époque ?

Ex. On s'empoisonnait (texte 1), on réalisait (texte 2)

4 a Quel est l'imparfait des verbes suivants ?

Texte 1 : (les verres) être – (on) s'empoisonner – (on) inviter – (on) verser – (les chevaliers) inviter – (ils) rapprocher – (quelqu'un) décider

Texte 2 : (nos ancêtres) écrire – (ils) graver – (les Égyptiens) connaître – (les papyrus) être – (le vélin) coûter cher – (les copies) occuper – (on) réaliser

4 b Relis les textes pour vérifier.

5 Les mots suivants marquent les étapes importantes de chaque réponse. Remets-les dans l'ordre où ils apparaissent dans le texte.

Texte 1 : De cette manière/À cette époque-là/Mais un beau jour/La coutume nous arrive du Moyen Âge.

Texte 2 : Mais/Alors/À l'époque du latin/Plus tard.

Atelier d'écriture

6 Plans de textes explicatifs.
Voici les plans des textes 1 et 2. Relis les textes et retrouve les phrases correspondant aux étapes (a, b, c...).

Texte 1

a. Il pose une question (dans le titre). ➤ ...

b. Il émet une hypothèse. ➤ ...

c. Il explique la situation et donne la bonne réponse. ➤ ...

Texte 2

a. Il pose une question (dans le titre). ➤ ...

b. Il explique la question (du titre) en une ou deux phrases. ➤ ...

c. Il donne la réponse. ➤ ...

d. Il donne l'explication. ➤ ...

7 Par groupe de trois, choisissez un des sujets de la liste suivante ou un sujet de votre choix.

– Pourquoi avons-nous un nom et un prénom ?

– Pourquoi fait-il plus froid aux pôles ?

– Pourquoi a-t-on inventé l'école ?

– Pourquoi y a-t-il plus de femmes que d'hommes ?

a. Cherchez les explications ou inventez la réponse.

b. Préparez votre plan :

– établissez les étapes de votre explication ;

– pensez à structurer votre texte avec des mots marquant les étapes (*À l'époque de..., mais, un beau jour, alors, etc.*).

c. Lisez votre texte à la classe.

Les grands moments de l'Histoire

A

Vers 450, un peuple germanique, les Francs, pénètre sur le territoire auquel il donnera son nom : la France. Leur chef, Clovis, se fait baptiser (vers 496) et devient ainsi le premier chef franc chrétien.

B

En 1661, Louis XIV règne sur la France. Il adopte le Soleil pour emblème et fait construire le magnifique château de Versailles.

C

En 800, le roi franc Charlemagne est sacré empereur à Rome. Il est alors maître de la Gaule*, de la Germanie, du nord de l'Espagne et des trois quarts de l'Italie.

* La Gaule : ancien nom de la France.

D

En 1799, le général Napoléon Bonaparte prend le pouvoir. Il adopte le nom de Napoléon 1er en 1804 et se fait couronner empereur à Paris.

1

2

3

4

5

Observe les documents

1 Associe les illustrations aux textes. Quels mots t'ont aidé(e) à comprendre ?

Illustrations	1	2	3	4	5	6	7	8	9	10
Textes	...	...	...	E	...	...	...	I	...	...

Lis les textes

2 Cite le nom des personnages des illustrations suivantes : 1, 2, 3, 4, 5, 7, 9, 10.

E En 1515, François 1er devient roi de France. Pendant plusieurs années, il lutte contre Charles Quint, roi d'Espagne. Sous son règne, le français devient langue officielle à la place du latin.

de France

H Le 14 juillet 1789, un groupe de Parisiens entre dans la prison de la Bastille pour y prendre des armes. C'est le début de la « Révolution ». Le 26 août de la même année est signée la Déclaration des Droits de l'Homme.

F En 1995 et en 2002, c'est Jacques Chirac, (candidat de droite) qui devient président de la République. Il succède au socialiste François Mitterrand (président de la République de 1981 à 1995).

I 1914 : la Première Guerre mondiale éclate. La France, l'Italie, Le Royaume-Uni et la Russie s'allient contre l'Autriche-Hongrie et l'Allemagne.

G 1939 : c'est le début de la Seconde Guerre mondiale. Un an plus tard, l'Allemagne envahit la France ; le général de Gaulle demande alors aux Français d'entrer dans la Résistance. En juin 1944, les troupes américaines et britanniques débarquent sur les plages de Normandie. La fin de la guerre est signée en mai 1945.

J En 57 avant Jésus Christ, les Romains contrôlent un tiers de la Gaule. Un jeune chef, Vercingétorix, devient le chef des Gaulois ; il remporte la victoire de Gergovie mais doit s'incliner devant César à Alésia. C'est la fin de la résistance gauloise.

6

7

8

9

10

3 Réponds.

a. Quels événements de l'Histoire de France sont connus dans ton pays ? Pourquoi ?

b. Et dans ton pays, quels événements et quels personnages ont marqué l'histoire ?

c. À quelle époque aimerais-tu vivre ? Pourquoi ?

Projet

4 Par groupe de quatre. Complétez le reportage sur votre pays (pages 23 et 39). Faites une chronologie en images avec les principaux événements qui ont marqué votre pays.

L'apprenti sorcier

Chapitre 3

L'erreur corrigée

Assis dans mon lit, j'ai lu jusqu'à minuit moins le quart. Ne me demandez pas quel livre, je ne m'en souviens plus. Mon esprit était trop occupé par cette maudite pendule. Et puis, je me suis endormi. J'ai rêvé de « Maison Noire ». Comme la nuit dernière, j'étais de nouveau dans ma chambre, assis sur mon lit. Ludovic était encore là, sous les traits de Darkmor. Il y avait aussi Sébastien. Il portait, lui aussi, une longue barbe blanche. Il était professeur de magie et il s'appelait Merlinus. Il agitait ma baguette devant moi et il semblait de très mauvaise humeur.

– On t'a dit : « Fais-en bon usage ! »

– Remets cette pendule à sa place ! a ajouté Ludovic.

J'ai voulu leur expliquer. J'ai voulu leur dire que le retour de cette pendule était impossible. Mais Ludovic et Sébastien ont disparu dans un nuage de fumée.

Je suis sorti de ma chambre et je suis allé dans le salon. Je me suis approché de la cheminée et j'ai agité ma baguette en murmurant :

– Abracadabulle ! Reviens pendule !

Et la pendule est revenue, juste à temps pour sonner les douze coups de minuit.

En allant me coucher, j'ai croisé Darkmor et Merlinus. Ils étaient dans la cuisine. Ils parlaient de potions et d'élixirs magiques.

– N'oublie pas ! a dit le premier.

1 **Harry raconte son rêve à Lucie. Complète son récit avec les mots suivants.**

chambre – salon – cuisine – professeur – place – cheminée

« J'étais dans ma … avec Ludovic, qui portait le nom de Darkmor ; il était toujours directeur de l'école de sorcellerie. Sébastien, lui, était … de magie et s'appelait Merlinus. Ils m'ont ordonné de remettre la pendule à sa … . Je suis alors descendu dans le … avec ma baguette magique, et, devant la …, j'ai prononcé une formule magique. La pendule a réapparu ! En remontant me coucher, j'ai jeté un sort dans la … pour dresser la table du petit déjeuner. »

2 **Qui parle ?**

a. Remets cette pendule à sa place !

b. Abracadabulle ! Reviens pendule !

c. Fais apparaître les bols !

d. Fais-en bon usage !

3 **À ton avis…**

Harry doit « faire bon usage » de sa baguette magique signifie qu'…

a. il doit prendre soin de sa baguette.

b. il ne doit pas utiliser sa baguette tous les jours.

c. il doit utiliser sa baguette pour faire une bonne action.

– Fais-en bon usage ! a ajouté le second.

Faire bon usage de ma baguette signifiait faire une bonne action. J'ai réfléchi quelques instants, et une idée m'a traversé l'esprit. J'ai agité ma baguette à l'entrée de la cuisine en murmurant :

– Abracadamolle ! Fais apparaître les bols !

Et là, les bols, les cuillères, la confiture et les serviettes sont sortis des placards pour danser dans la pièce. Chacun a pris sa place sur la table de la cuisine. Le lait aussi. Il s'est versé tout seul dans la casserole.

En moins d'une minute, tout était prêt pour le petit déjeuner.

Satisfait et fier de moi, je suis retourné me coucher.

4 Retrouve les mots cachés dans la grille.

magie – élixir – potion – minuit
baguette – rêve – pendule

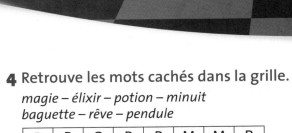

B	R	O	P	R	M	M	B
M	A	G	I	E	S	M	A
A	P	G	T	V	X	I	G
R	O	P	U	E	L	N	U
G	T	O	A	E	S	U	E
I	V	T	S	T	T	I	T
E	L	I	X	I	R	T	T
V	J	O	U	C	I	N	E
P	E	N	D	U	L	E	P

5 Qu'a fait Harry avant minuit ?
Qu'a-t-il fait après minuit ?

a. Il a fait apparaître le lait pour le petit déjeuner.

b. Il a lu dans son lit.

c. Il a rêvé de « Maison Noire », comme la nuit d'avant.

d. Il s'est endormi.

e. Il est remonté se coucher.

f. Il a fait réapparaître la pendule sur la cheminée du salon.

avant minuit

après minuit

Fais le point 3

Compréhension orale

1  Micro-trottoir.
Écoute et choisis la bonne réponse.

a. Qui pose les questions de l'enquête ?
- ☐ Un garçon.
- ☐ Une fille.
- ☐ Un garçon et une fille.

b. Qui répond ?
- ☐ Un homme.
- ☐ Une femme.
- ☐ Un homme et une femme.

c. Quel est le sujet de l'enquête ?
- ☐ L'éducation des jeunes.
- ☐ Les changements dans notre ville, notre quartier.
- ☐ La vie dans notre immeuble.

d. Selon la personne interviewée, maintenant...
- ☐ on est mieux seuls.
- ☐ on connaît mieux les gens de notre quartier.
- ☐ le problème d'éducation n'est pas spécifique aux jeunes.

Expression orale

2 Choisis un des trois sujets.

a. Compare ta vie actuelle à celle de tes parents quand ils étaient jeunes.
Laquelle préfères-tu ? Pourquoi ?

b. Parle de l'époque passée que tu préfères.
Comment vivait-on à cette époque ?
Qu'est-ce qui était différent ?

c. Quels sont les avantages et les inconvénients d'être un adolescent au xxiᵉ siècle ?

Compréhension écrite

3 Lis le document et réponds aux questions.

Selon les résultats d'une enquête réalisée auprès d'adolescents français, les jeunes préfèrent l'époque actuelle à toute autre époque du passé. Les raisons évoquées ? En premier lieu, les progrès technologiques ! « Avant, il n'y avait ni portables, ni jeux vidéo, ni Internet ! » Cependant il existe quelques points noirs au tableau : les guerres et l'écologie. Mais 2 % des jeunes signalent que « avant, c'était pire : il y avait autant de conflits, sinon plus ! ». Et en ce qui concerne la protection de l'environnement : « Il y a des progrès à faire mais, il y a 50 ans, on n'était pas conscients du problème et on ne faisait rien pour protéger la planète ! »
À noter que d'autres problèmes importants de notre époque comme la faim dans le monde, ou le sida, ne sont évoqués que par 7 jeunes sur 100 interviewés.   F. G.

a. À ton avis, quelle question a-t-on posée aux personnes interviewées ? Qu'ont-ils répondu ?

b. Pour les jeunes, quels sont les problèmes les plus importants actuellement ?

c. Et pour l'auteur, quels autres problèmes importants existe-t-il ?

Expression écrite

4 Sur Internet, tu participes à un forum « Le passé, c'est dépassé ? ».
Choisis une époque du passé.
Écris quelques lignes pour évoquer trois aspects négatifs et trois aspects positifs de la vie des gens à cette époque-là.

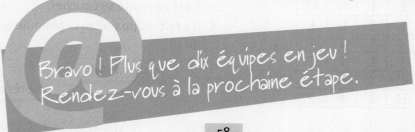

Bravo ! Plus que dix équipes en jeu !
Rendez-vous à la prochaine étape.

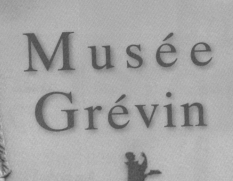

Musée Grévin

TU SAIS QUI C'EST ?

Pour passer la 4ᵉ étape, apprends à :

- parler des faits marquants
  d'une vie   pp. 60-61
- faire une interview,
  écrire une biographie   pp. 60-61
- raconter des faits passés,
  un fait divers   pp. 62-63
- exprimer des impressions   pp. 62-63

Tu vas aussi découvrir :

- *Les Blagues de Toto*
  de Thierry Coppée   pp. 68-69
- le musée Grévin
  et les personnalités
  préférées des Français   pp. 70-71

www.francovision.fr

Grand Jeu-Concours Francovision

Quatrième étape (4/6) : Célébrités

Êtes-vous de bons journalistes ? Pourriez-vous écrire une biographie ?

Interviewez un personnage célèbre ou inconnu, racontez ce qu'il a fait d'intéressant, de spécial... et envoyez-nous sa biographie.

Date limite : le 7 mars.
Bonne chance !

Célébrités :
Les préférées des

Emmanuelle Béart

Elle a l'air timide, mais en fait, c'est une vraie battante !

Emmanuelle est née le 14 août 1965 et a fait ses débuts au cinéma à l'âge de sept ans. Depuis, elle a joué dans de nombreux films et a aussi été mannequin chez Dior. Elle s'est souvent engagée pour défendre la cause des plus faibles. Aujourd'hui, elle se bat avec l'Unicef pour les droits des enfants.

Jean-Baptiste Maunier

Populaire en France et à l'étranger !

Jean-Baptiste est né le 22 décembre 1990 à Brignoles. Il a commencé le chant au collège. Il est ensuite entré dans une chorale où l'a découvert le réalisateur du film *Les Choristes*. Jean-Baptiste a interprété le rôle de Pierre Morhange dans ce film qui a connu un grand succès en France et à l'étranger. Depuis, il ne s'est pas ennuyé : voyages dans le monde entier avec la chorale, projets de nouveaux films... Une vie déjà bien remplie !

Albert Jacquard

Travailleur et généreux.

Né à Lyon en 1925, ce grand spécialiste en génétique a écrit de nombreux ouvrages scientifiques. La science, il l'a toujours vue comme « une histoire d'amour entre l'homme et l'univers ». C'est pourquoi il n'a pas voulu passer sa vie dans un laboratoire : il s'est également beaucoup investi dans de nombreux combats contre l'injustice sociale comme la lutte contre le racisme, le droit au logement...

Observe les documents

1 Imagine. Qui est...
- **a.** sportif/sportive ?
- **b.** scientifique ?
- **c.** mannequin ?
- **d.** lycéen(ne) ?
- **e.** chanteur/chanteuse ?
- **f.** comédien(ne) ?

Tu comprends ?

2 Lis les textes et vérifie tes réponses à la question 1.

3 Qui est-ce ?
- **a.** Il/Elle a commencé à jouer dans des films en 1972.
- **b.** Il/Elle est arrivé(e) en France à l'âge de neuf ans.
- **c.** Il/Elle a joué le rôle de Pierre Morhange.
- **d.** Il/Elle est l'auteur de nombreux livres.

4 Le journaliste a posé une des questions suivantes à chacun des quatre personnages.
- **a.** À qui les a-t-il posées ?
- **b.** Qu'ont répondu les personnages ?
  - **1.** Où est-ce que tu es né ?
  - **2.** Vous êtes née en quelle année ?
  - **3.** À part la science, à quoi avez-vous consacré votre temps ces dernières années ?
  - **4.** Quelle(s) cause(s) défendez-vous ?

Grammaire

Le passé composé : choix de l'auxiliaire

5 a Relis les textes et complète les phrases.
  - **1.** Emmanuelle Béart ... été mannequin.
  - **2.** Jean-Baptiste Maunier ... entré dans une chorale à onze ans.
  - **3.** Albert Jacquard s'... beaucoup investi dans différents combats.

5 b Rappelle-toi : quels verbes s'emploient avec l'auxiliaire *avoir* ? Et *être* ?

15-20 ans !

Lilian Thuram

Engagé sur tous les terrains !

Lilian est né le 1er janvier 1972 à Anse-Bernard en Guadeloupe. Il est venu vivre en France quand, en 1981, ses parents se sont installés en région parisienne. À partir de 1993, Lilian est devenu footballeur professionnel mais il n'a pas dépensé toute son énergie sur les terrains : il l'a aussi consacrée à lutter pour l'intégration des étrangers en France.

L'accord du participe passé

6 Observe les phrases. Quand le participe passé s'accorde-t-il avec le sujet ?

Emmanuelle Béart est **née** en 1965. Elle a **été** mannequin. Elle s'est souvent **engagée** aux côtés des plus faibles.

7 a Relis les textes et complète les participes passés.

  1. Albert : la science, il l'a toujours vu... comme une histoire d'amour.

  2. Lilian : son énergie, il l'a aussi consacré... à lutter pour l'intégration.

7 b Réponds aux questions.

  1. Quel est l'auxiliaire employé ? Que remarques-tu à la fin du participe passé ? Où est placé le COD (*l'*) ?

  2. Quand le participe passé s'accorde-t-il ?

➤ Entraîne-toi pp. 64 à 66

Mes mots

8 a Écoute et chante la chanson.

J'ai un esprit battant, je défends les enfants
Et je mène un combat pour qu'on respecte leurs droits.

Je suis très populaire, je suis aussi très fier
De rester solidaire avec la terre entière.

On me dit généreux, mais également soucieux
Des inégalités qu'on devrait effacer.

C'est mon côté humain qui m'oblige, c'est certain,
À aider celles et ceux qui ne sont pas heureux.

8 b Retrouve dans la chanson les traits de caractère correspondant aux définitions.

Ex. Il est très connu et aimé de tous.
   ➤ *Il est **populaire**.*

  1. Il donne facilement. ➤ ...

  2. Il s'inquiète de quelque chose. ➤ ...

  3. Il est bon et sensible envers les autres. ➤ ...

  4. Il est satisfait, content de ses actions. ➤ ...

  5. Pour lui, la vie est belle ; il connaît le bonheur. ➤ ...

  6. Il partage tout avec les autres, même leurs problèmes. ➤ ...

  7. Il aime mener des combats. ➤ C'est un ...

À toi !

9 À deux, à tour de rôle. L'un joue le rôle d'un(e) journaliste et l'autre d'une personnalité engagée. Le/la journaliste pose des questions à la personnalité, puis écrit sa biographie.

Utile...

défendre la cause de/des...

engagé(e)

est né(e) le... à...

faire ses débuts...

lutter contre

devenir

s'investir dans

➤ Entraîne-toi pp. 64 à 67

Héros d'un

ÉTIENNE. – Alors, qu'est-ce qu'on fait pour la biographie ?

JULIE. – On pourrait interviewer quelqu'un qui défend une cause ou qui a fait une bonne action, non ?

MAXIME. – Ce n'est pas facile ! On pourrait inventer l'interview d'un des personnages de ce magazine, non ?

EMMA. – Attends Maxime, j'ai une idée ! Ça y est, j'ai notre « héros » ! J'ai même un article de presse. Et voilà ! Regardez comme il est beau, Lucas, sur la photo !

MAXIME. – Qu'est-ce que tu as dit ? Lucas, un héros ? Ça m'étonnerait !

JULIE. – Fais voir l'article. Ah oui, c'est vrai ! C'est toi sur la photo !

LUCAS. – Oui, c'était il y a deux ans. Avec une association, on allait dans les hôpitaux rendre visite à des enfants malades ; on se déguisait en clowns, on faisait des fêtes d'anniversaire...

JULIE. – Géniale, cette idée !

LUCAS. – Oui, mais un jour où je me trouvais dans l'hôpital, il y a eu un incendie dans une chambre, et ça a été la panique !

MAXIME. – Et qu'est-ce qui s'est passé ?

LUCAS. – J'ai aidé les enfants à sortir car le hall était plein de fumée. Je les ai portés un par un ; c'est tout !

JULIE. – Ce n'est pas vrai ?!

EMMA. – Tu es trop modeste ! Grâce à toi, il n'y a pas eu de blessés, et tu es devenu un héros !

LUCAS. – Oui, bon...

JULIE. – Je connais un héros et je ne le savais même pas !

ÉTIENNE. – Les filles, vous êtes toutes pareilles !

> Alors, qu'est-ce qu'on fait pour la biographie ?

> Ça y est, j'ai notre « héros » !

Observe les documents

1 Réponds aux questions.

a. Que doivent faire les cinq amis dans cette étape ?

b. À qui pense Emma pour l'interview ?

c. À ton avis, qu'a fait Lucas ?

Tu comprends ?

2 🔘 Écoute. Vrai ou faux ?

a. Maxime propose d'inventer une interview.

b. L'aventure de Lucas a eu lieu il y a trois ans.

c. L'histoire de Lucas a eu lieu dans une école.

d. Lucas a porté les enfants pour les faire sortir.

e. Il y a seulement eu deux blessés.

3 🔘 Écoute. Complète avec des mots du dialogue.

a. On se déguisait en ..., on faisait des fêtes d'anniversaire.

b. Mais un jour, il y a eu un ... dans une chambre.

c. Le hall était plein de ... .

Grammaire

Imparfait et passé composé

4 🔘 Lève le panneau A quand tu entends le passé composé et le panneau B quand tu entends l'imparfait.

> **Qu'est-ce que tu as dit ? Lucas, un héros ?**

Mes mots

7 🔘 Écoute. Dis quelles phrases expriment l'admiration (A), la surprise (S), l'enthousiasme (E), le doute (D).

a. Ça y est ! ➤ ...

b. Qu'est-ce que tu as dit ? ➤ ...

c. Ça m'étonnerait ! ➤ ...

d. Ah oui, c'est vrai ! ➤ ...

e. Géniale, cette idée ! ➤ ...

f. Ce n'est pas vrai ?! ➤ ...

8 Complète le texte avec les mots suivants.

enfants malades – panique – incendie – blessés – héros – hôpitaux – fumée

Un ... très spécial !

Nestor est clown. Il travaille dans les ... pour faire rire les ... . Mais hier soir, au lieu d'apporter de la bonne humeur, il a provoqué la ... ! Pour fêter l'anniversaire d'un des enfants, il a voulu faire un spectacle avec un gâteau et des bougies et il a presque mis le feu à un des lits ! Heureusement, l'... n'a pas été grave et il n'y a pas eu de ..., à part le clown lui-même qui a respiré un peu de ... . Il est maintenant sur un lit d'hôpital lui aussi !

5 Retrouve dans le dialogue les réponses de Lucas aux questions suivantes.

Ex. e. Tout le monde est resté tranquille ?
   ➤ Non, ça a été la panique !

a. Ça s'est passé quand ?

b. Où est-ce que tu allais avec l'association ?

c. Qu'est-ce que vous faisiez pour amuser les enfants ?

d. Qu'est-ce qui s'est passé ce jour-là ?

e. *Tout le monde est resté tranquille ?*

f. Pourquoi les enfants ne pouvaient-ils pas sortir ?

g. Qu'est-ce que tu as fait pour les aider ?

6 Complète le tableau avec les verbes du texte.

On utilise le passé composé pour...
parler d'une action accomplie (finie) et située à un moment précis du passé.
Et qu'est-ce qui s'... ?
J'... les enfants à sortir.
On utilise l'imparfait pour...
– **parler d'une action en cours d'accomplissement dans le passé (le début et la fin de l'action sont imprécis).** *Un jour où je ... dans l'hôpital (...)*
– **décrire une situation passée (décor, moment...).** *C'... il y a deux ans.*
– **parler d'actions répétitives ou habituelles.** *On se ... en clowns, on ... des fêtes d'anniversaire.*

➤ Entraîne-toi pp. 66-67

À toi !

9 a À deux et à tour de rôle. Ton/ta camarade choisit un fait divers dans la presse. Tu lui poses des questions pour retrouver l'histoire.

9 b Écris le fait divers. Puis compare-le avec l'original.

Utile...

pourquoi ?   quand ?   qui ?   où ?   se trouvait   était   a fait

➤ Entraîne-toi pp. 64 à 67

Atelier

Parler des faits marquants d'une vie

Il/Elle est né(e) le.../en...

Il/Elle a fait ses débuts...

À l'âge de... ans, il/elle...

Il/Elle a été (+ *profession*)

Il/Elle est devenu(e)...

Il/Elle a consacré sa vie à...

Il/Elle s'est engagé(e)...

Il/Elle s'est investi(e) dans...

Il/Elle s'est battu(e) pour/contre...

Il/Elle a lutté pour/contre...

Poser des questions

Où est-ce que tu es né(e) ?

Vous êtes né(e) en quelle année ?

À quoi avez-vous consacré votre temps ces dernières années ?

Aujourd'hui, vous défendez quelle(s) cause(s) ?

Décrire la personnalité

Il/Elle a l'air timide.

C'est un(e) vrai(e) battant(e).

Il/Elle est travailleur/euse, généreux/euse, populaire, engagé(e)...

Poser des questions sur des faits passés

Qu'est-ce qui est arrivé ?/
Qu'est-ce qui s'est passé ?

C'est arrivé quand ?

Ça s'est passé où ?

Pourquoi tu te trouvais là ?

Qu'est-ce que tu as fait ?

Il y a eu des/combien de blessés ?

Exprimer des impressions (admiration, doute, surprise, enthousiasme)

C'est vrai ?

Ça m'étonnerait !

Ce n'est pas vrai ?!

Ça y est !

Le passé composé : choix de l'auxiliaire

1 a Choisis l'auxiliaire qui convient.

1. Il *a/est* mort en 1950.

2. On s'*a/est* connus au collège.

3. Elle *a/est* passé son enfance à l'étranger.

4. Vous *avez/êtes* arrivé quand en France ?

5. Il *a/est* mené de nombreux combats.

6. Ils *sont/ont* participé au tournage du film *Les Choristes*.

1 b Parmi ces verbes, lesquels ne se conjuguent pas avec l'auxiliaire *être* au passé composé ?

aller – rentrer – descendre – marcher – passer – partir – tomber – courir – sauter – naître

1 c Tu connais d'autres verbes qui se conjuguent avec *être* ?

2 Écris un court texte sur la vie de Laure Manaudou à partir de sa fiche biographique. Utilise les verbes suivants au passé composé.
naître – prendre – faire ses débuts – partir – devenir – obtenir – commencer – gagner – recevoir

LAURE MANAUDOU

9 octobre 1986 : Naissance à Villeurbanne (banlieue de Lyon).

1991-2000 : Cours de natation dans le club de son quartier.

2000 : Débuts dans la compétition. Départ pour la région parisienne.

2002 : Championne d'Europe junior du 100 m dos.

2003 : Record de France de natation, début de la célébrité.

langue

L'accord du participe passé

3 Choisis le participe passé qui convient.

   a. Vous avez *vu/vus* le film *Les Choristes* ?

   b. Elle est *entré/entrée* à quel âge dans la chorale ?

   c. Elles se sont *rencontré/rencontrées* l'an dernier.

   d. Emmanuelle Béart, je l'ai *vu/vue* dans un film.

4 Accorde le participe passé si nécessaire.

   a. Sa biographie, il l'a écrit... l'année dernière.

   b. Nous nous sommes installé... en France en 1980.

   c. Elle a fait... ses débuts au cinéma à sept ans.

   d. Les chansons des *Choristes*, je les ai appris... en cours de français.

   e. Ils sont devenu... des héros.

Le participe passé s'accorde	
avec l'auxiliaire *être*	avec l'auxiliaire *avoir*
➤ avec le sujet. **Elle** est né**e** en 1965. **Ils** se sont installé**s** en France.	➤ avec le COD quand il est placé <u>avant</u> le verbe. Emmanuelle Béart : ses films **l'**ont rendu**e** célèbre.

5 Mets les phrases au passé composé (fais l'accord du participe passé si nécessaire) et associe-les aux photos.

   a. Le prix Nobel de physique, il l'obtient en 1921.

   b. La coupe du monde de football, son équipe la gagne en 1998.

   c. Ses débuts en musique, il les fait à l'âge de 3 ans.

   d. *La Joconde*, il la peint au début du XVIᵉ siècle.

   e. La victoire à Roland-Garros, il la remporte en 2006 contre Roger Federer.

   f. Ses premiers films, elle les tourne en Europe.

1. Wolfgang Amadeus Mozart

2. Pénélope Cruz

3. Zinedine Zidane

4. Léonard de Vinci

5. Rafael Nadal

6. Albert Einstein

2004 : Médaille d'Or (400 mètres) aux Jeux olympiques d'Athènes – Médaille de la Légion d'honneur.

2006 : Championne du monde du 400 m nage libre.

6 Réponds aux questions avec un pronom COD. Fais l'accord du participe passé.

a. Tu as lu la biographie d'Albert Jacquard ?

b. Vous avez vu les photos d'Emmanuelle Béart dans le journal ?

c. Elle a écouté l'interview de Lilian Thuram à la radio ?

d. Tu as appelé les journalistes ?

e. Ils ont écrit leur lettre de présentation ?

Imparfait et passé composé

7 Mets les verbes au passé composé ou à l'imparfait. Aide-toi des indications sur la valeur des temps.

a. Avant de jouer dans *Les Choristes*, Jean-Baptiste ... (chanter) dans une chorale.
➤ *Action répétitive, habituelle.*

b. En 1980, Lilian ... (habiter) en Guadeloupe avec ses parents.
➤ *Description d'une situation passée (décor, moment).*

c. En 1966, Albert ... (partir) aux États-Unis pour étudier la génétique.
➤ *Action accomplie située à un moment précis du passé.*

d. Un jour où elle ... (voyager) en Afrique, Emmanuelle ... (décider) de s'engager pour aider les enfants pauvres.
➤ *Action en cours d'accomplissement dans le passé. / Action accomplie dans le passé.*

8 Associe.

a. Quand l'actrice est entrée dans le café,

b. Le jour où ils ont rencontré ce grand sportif,

c. Quand ce scientifique a écrit ses premiers ouvrages,

d. Un dimanche où Jean-Baptiste chantait dans une église,

1. peu de personnes le reconnaissaient dans la rue.

2. un réalisateur de cinéma l'a entendu.

3. ils l'ont invité à jouer au football avec eux.

4. les gens ont arrêté de parler et l'ont observée.

9 Mets les verbes au passé composé ou à l'imparfait.

a. Le jour où il y ... (avoir) l'incendie, j' ... (être) justement à l'hôpital.

b. On ... (se trouver) dans une chambre quand on ... (voir) de la fumée.

c. On ... (jouer) dans une chambre quand on ... (entendre) quelqu'un crier « Au feu ! ».

d. Les enfants ... (avoir) peur mais on leur ... (dire) de rester tranquilles.

e. Ils .... (être) très courageux et, heureusement, on ... (pouvoir) éviter la panique.

f. J'... (aider) le dernier enfant à sortir de l'hôpital quand les pompiers ... (arriver).

10 Mets les verbes entre parenthèses au passé composé ou à l'imparfait. Devine le nom du personnage mystérieux.

Je ... (naître) à Gênes. Je ... (partir) avec trois bateaux pour découvrir une nouvelle route pour les Indes. Après deux mois de voyage, quand j' ... (voir) la première terre, je ... (ne pas savoir) que je ... (se trouver) sur un nouveau continent, inconnu des Européens ! Là, ... (vivre) des indigènes. J' ... (appeler) ces gens des « Indiens » car je ... (croire) vraiment que j' ... (être) en Orient !
Grâce à ma découverte, je ... (devenir) rapidement connu dans le monde entier, mais on ... (ne pas donner) mon nom à ce nouveau continent, mais le prénom de Vespucci ! Quelle injustice !

angue

11 Décris les situations suivantes à l'aide du passé composé et de l'imparfait.

Ex. a. Quand l'actrice est sortie de chez elle, plusieurs photographes l'attendaient.

a.

b.

CONCERT
COMPLET

HÔPITAL

c.

d.

12 a Indique la valeur de l'imparfait dans les phrases suivantes.

  a. Action en cours d'accomplissement dans le passé.

  b. Action répétitive ou habituelle.

  c. Situation passée (décor, cadre).

  1. Elle travaillait chaque été dans une association d'aide aux enfants étrangers.

  2. Un jour où j'attendais le bus, Lilian Thuram est sorti d'un restaurant juste en face.

  3. Nous allions à l'église tous les dimanches.

  4. J'avais 12 ans à l'époque.

  5. C'était dans les années soixante.

  6. Que faisiez-vous le 21 juillet 1969 quand Neil Armstrong a marché sur la Lune ?

12 b Invente une phrase pour chaque valeur de l'exercice 12 b.

On emploie l'imparfait :	
➤ Pour décrire le décor, le cadre d'une action.	C'était il y a trois ans ; il faisait froid ce jour-là.
➤ Pour parler d'actions répétitives, habituelles.	On allait voir les enfants malades tous les jours à l'hôpital.
➤ Pour parler d'une action en cours d'accomplissement dans le passé.	J'étais dans mon lit quand le téléphone a sonné.
On emploie le passé composé :	
➤ Pour parler d'actions accomplies dans le passé et situées à un moment précis.	L'année dernière, je suis parti en Afrique.

Phonétique
L'accent circonflexe et l'accent grave

1 Observe les règles.

L'**accent circonflexe** (^) indique qu'une ancienne lettre a disparu (un *s* ou un *e*).
Il peut être placé sur les lettres *a, e, i, o* et *u*.
un château, la tête, une île, un hôpital...

L'**accent grave** (`) et l'**accent circonflexe** (^) servent aussi à différencier deux mots homophones.
Ils peuvent être placés sur les lettres *a, e, i, o* et *u*.

– **la** (article)/**là** (adverbe de lieu)
– **ou** (conjonction de coordination)/
  où (adverbe de lieu ou pronom relatif)
– **a** (verbe)/**à** (préposition)
– **du** (article)/**dû** (participe passé de *devoir*)
– **sur** (préposition de lieu)/**sûr** (adjectif)

2 Place, si nécessaire, l'accent sur les mots en gras.

  a. Pierre **a du** avoir un accident : il est **a l'hopital**.

  b. Je **reve** d'habiter dans un **chateau ou sur** une **ile**.

  c. Tu es **sur** de **connaitre** tout le monde invité **a la fete** ?

  d. **Ou** vas-tu ?/**La** !

PHOTO SOUVENIR

THIERRY COPPÉE

1971

Profession :
scénariste dessinateur

Auteur de :
- *L'École des vannes*
- *La Rentrée des crasses*
- *Sous les cahiers, la plage*
- *Tueur à gags*

TOTO

Prénom : Toto
**Première apparition
en BD :** 2004

En résumé…

Toto est un personnage presque universel. Il est le « héros » de centaines, de milliers de blagues ! Il s'appelle Toto pour les Français mais il a sûrement un nom différent dans chaque pays !

Depuis 2004, on peut le découvrir en BD avec sa famille, sa maîtresse, ses « potes », tous témoins, partenaires ou victimes de ses blagues.

Avant de lire le document

1 a À ton avis, qu'est-ce qu'une « blague » ?
   1. Une histoire drôle.
   2. Une classe.
   3. Une prof.

1 b Est-ce qu'il y a dans ton pays un enfant héros de nombreuses blagues ?

2 Regarde la bande dessinée :
   a. Où se passe la scène ?
   b. Qui sont les personnages ?
   c. À ton avis, qui est Toto dans la BD ?

Maintenant, lis le document

3 Selon la maîtresse, pourquoi est-il intéressant d'acheter la photo de classe ?

4 a À ton avis, comment se sent l'institutrice dans la dernière vignette ? Pourquoi ?

4 b Choisis d'autres adjectifs dans la liste suivante. Cherche les mots que tu ne connais pas dans un dictionnaire.
   déçue – contente – triste – vexée – heureuse – fière – étonnée – découragée

5 Retrouve dans le texte :
   a. le participe passé de *recevoir*, *devenir* et *mourir*.
   b. deux expressions pour dire *actuellement*.
   c. les professions représentées par les photos suivantes.

3

4

1

2

Atelier d'écriture

6 Imagine-toi dans vingt ans : tu regardes une photo souvenir de ta classe actuelle. Choisis un copain ou une copine et raconte ce qu'il/elle est devenu(e).
   a. Fais le plan de ton texte.
      1. Présente ton copain/ta copine.
      2. Rappelle-toi ce que vous faisiez quand vous étiez ensemble au collège.
      3. Imagine sa profession, sa situation familiale...
      4. Décris les étapes importantes de sa vie.
   b. Rédige ton texte au brouillon et analyse-le :
      1. Est-ce que ton texte est bien articulé ? Les différents moments de l'histoire sont-ils bien apparents ?
      Voici...
      On était ensemble en 4ᵉ...
      À présent, maintenant...
      Quand il/elle avait 14 ans, il/elle...
      2. Est-ce que tu as bien employé les temps (présent, passé composé/imparfait) ?
      3. Est-ce que tu as évité les répétitions en employant des COD et/ou des COI ?
      *La prof a vu **Igor** en train de...* ➤ *La prof **l**'a vu en train de...*
      *La prof a dit **à Igor** de...* ➤ *La prof **lui** a dit de...*
   c. Reprends ton texte et corrige-le en suivant les indications précédentes. Puis recopie-le.

1. Jean-Paul Gaultier et Maria Callas.

2. Pablo Picasso.

Si tu veux voir de près les personnages qui ont marqué l'Histoire de France, d'Europe,

Plus vrais que nature !

du monde entier, va faire un tour au musée **Grévin**, l'un des musées les plus populaires de Paris. Tu découvriras, non pas en chair et en os, mais en cire, plus de trois cents personnages de toutes les époques.

3. La tête de Jean Reno dans l'atelier de maquillage.

IMAGINE

les moyens de communication de l'époque : la presse, mais sans photos !

l'époque : fin du XIXᵉ siècle.

un dessinateur : Alfred Grévin, réalisateur du projet, qui a donné son nom au musée.

une idée géniale venant d'Arthur Meyer, un journaliste : présenter au grand public les personnages qui font la une des journaux, mais cette fois en grandeur nature et en trois dimensions, pour mettre un visage sur les personnalités qui font l'actualité. Ce n'est que plus tard qu'on a eu l'idée d'introduire des personnages de toutes les époques.

Résultat : l'inauguration, en 1882, d'un musée-conservatoire de l'Histoire qui compte aujourd'hui plus de trois cents personnalités comme Marilyn Monroe, Jeanne d'Arc, Julia Roberts, Albert Einstein, Johnny Hallyday, Charles de Gaulle, Mahatma Gandhi, la princesse Diana, Jean Paul II, Elvis Presley, Alfred Hitchcock, Victor Hugo, Napoléon, Louis XIV, Madonna, Patrick Bruel, Bruce Willis, Lorie… et même Spider Man !

Au **musée Grévin**, tu pourras revivre des moments du passé mais aussi dix grands événements qui ont marqué le XXᵉ siècle, comme le premier pas sur la Lune le soir du 21 juillet 1969, ou la première traversée de la Manche en avion par Louis Blériot en 1909, ou encore l'effondrement du mur de Berlin en novembre 1989, ou bien la Coupe du monde de football de 1998… Si tu cherches une façon originale de réviser ton histoire et d'approcher quelques personnalités, viens faire un tour au musée Grévin !

Observe les documents

1 Est-ce qu'il existe un musée avec des personnages en cire dans ton pays ?

   a. Quels personnages aimerais-tu trouver dans ce musée ?

   b. Et quels événements du xxᵉ siècle ?

Lis les textes

2 Trouve, parmi les personnages français du musée Grévin :

une héroïne historique – un chanteur – une chanteuse – un président – un écrivain – un roi – un empereur.

3 Vrai ou faux ?

   a. Le musée s'appelle « Grévin » parce que c'est le nom du réalisateur du projet.

   b. Arthur Meyer était dessinateur.

   c. Actuellement, au musée Grévin, on trouve seulement des personnages du xixᵉ siècle.

   d. Au musée Grévin, on trouve seulement des personnages français.

4 Retrouve dans les textes le nom de ces événements qui ont marqué le xxᵉ siècle.

a

b

c

d

5 À partir des réponses, imagine les questions posées par un journaliste de l'époque à Arthur Meyer.

   a. ... ? ➤ En 1882.

   b. ... ? ➤ Pour montrer aux gens l'apparence physique des personnes célèbres.

   c. ... ? ➤ Ceux qui font la Une des journaux.

6 Les personnalités préférées des Français.

   a. Tu les connais ?

   b. Devine la profession des personnages suivants. Choisis la réponse qui convient. (Attention : parfois, les deux réponses sont correctes !)

    1. Yannick Noah est *chanteur/joueur de tennis.*

    2. Zinedine Zidane est *joueur de foot/physicien.*

    3. Charles Aznavour est *politicien/chanteur.*

    4. Nicolas Hulot est *aventurier/écologiste.*

    5. Sœur Emmanuelle est *actrice/religieuse.*

    6. Renaud est *judoka/chanteur.*

   c. Écoute pour vérifier.

LES PRÉFÉRÉS DES FRANÇAIS	
▶ 1	Yannick Noah
▶ 2	Zinedine Zidane
▶ 3	Charles Aznavour
▶ 4	Nicolas Hulot
▶ 5	Sœur Emmanuelle
▶ 6	Renaud

Projet

7 Faites votre propre musée Grévin.

   a. Fais une liste des dix personnalités de ton pays que tu préfères.

   b. Compare avec tes camarades, puis établissez une liste commune pour la classe.

   c. Maintenant, créez votre propre musée Grévin.

   Cherchez des photos des personnages et faites une affiche.

   Écrivez une légende pour chaque personnage (présentation, dates importantes, faits marquants de leur vie...).

L'apprenti sorcier

Chapitre 4

Drôles de mystères !

Le lendemain matin, quand je suis arrivé dans la cuisine pour prendre mon petit déjeuner, Marion m'a demandé :

– C'est toi qui as tout préparé ?

Je me suis souvenu des bols qui dansaient dans la cuisine.

– Euh, non, pourquoi ?

– Parce que ce n'est pas moi, a répondu Lucie.

– Ni moi, a dit Marion.

– Ni nous, ont ajouté Ludovic et Sébastien.

Alors, j'ai dit :

– C'est moi, d'un coup de baguette magique !

Mais personne ne m'a cru.

Marion a souri et Lucie a dit :

– Décidément, il y a de drôles de mystères dans cette maison.

J'ai avalé mon bol de céréales en silence, puis une fois le petit déjeuner terminé, les filles ont déclaré :

1 Choisis la ou les bonne(s) réponse(s).

a. Quand Harry entre dans la cuisine...

1. la table du petit déjeuner n'est pas encore mise.

2. ses amis prennent le petit déjeuner.

3. on lui demande de faire le café.

b. Pour le petit déjeuner, Harry prend...

1. un bol de céréales.

2. deux tartines avec de la confiture.

3. un croissant et un bol de lait.

c. Les filles proposent...

1. de ranger la cuisine.

2. que Harry débarrasse la table.

3. que les garçons débarrassent la table.

2 Vrai ou faux ? Justifie tes réponses.

a. Les amis de Harry ne comprennent pas qui a préparé le petit déjeuner.

b. Harry ne se souvient pas de son rêve de la nuit.

c. Tout le monde parle de la pendule.

d. Harry décide de ne pas s'endormir avant minuit.

e. Harry règle son réveil pour qu'il sonne à minuit.

3 À ton avis...

a. « Éclaircir un mystère », c'est...

1. comprendre une énigme.

2. garder un secret.

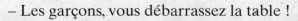

– Les garçons, vous débarrassez la table !

Ludovic a aussitôt répliqué :

– Harry va le faire !

Puis il m'a regardé d'un petit air moqueur en ajoutant :

– D'un coup de baguette magique !

Heureusement, cette fois, mon sortilège était moins grave. Pas de disparition. Mais je devais éclaircir ce mystère. Est-ce que je devenais réellement un sorcier pendant la nuit ? Ma baguette avait-elle des pouvoirs magiques ? Pour en être sûr, j'ai décidé de ne pas dormir la nuit suivante. En tout cas, pas avant minuit.

J'avais des bandes dessinées pour me tenir éveillé, une lampe de poche pour lire sous mon drap et un paquet de gâteaux, si j'avais faim. J'ai même réglé la sonnerie de mon réveil à 23 h 45, si, par hasard, je m'endormais. J'ai bien fait, car je me suis endormi avant la fin de ma première bande dessinée. J'ai sursauté quand mon réveil a sonné. Mon cœur s'est mis à battre très vite. J'étais excité et en même temps effrayé.

Que se passerait-il aux douze coups de minuit ? Que se passerait-il, cette fois, si j'étais un vrai sorcier ?

Bien décidé à éclaircir ce mystère, mais pas très rassuré, j'ai quitté ma chambre sur la pointe des pieds.

C'est en arrivant devant la porte du salon que je l'ai aperçue !

b. Une lampe de poche, c'est…

1. une lampe qui éclaire très faiblement.

2. une petite lampe que l'on peut porter sur soi.

c. « Marcher sur la pointe » des pieds veut dire…

1. marcher sans faire de bruit.

2. marcher sans chaussures.

4 Mots fléchés. Complète les phrases, puis place les mots dans la grille.

a. Ludovic regarde Harry d'un petit air …

b. Le héros de l'histoire s'appelle …

c. Il croit que la nuit, il se transforme en …

d. Harry est bien décidé à trouver la clef du …

e. Le … sonne à 23 h 45.

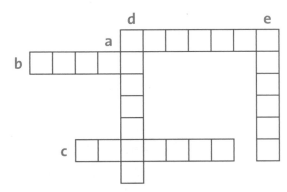

 **DELF A2**

Fais le point 4

Compréhension orale

1 💿 Lis les questions puis écoute.
Ensuite, coche la bonne réponse.

a. La mère et la fille sont en train :
☐ de regarder la télé.
☐ d'écouter la radio.
☐ de lire le journal.

b. La mère est :
☐ prix Nobel.   ☐ ministre.   ☐ biologiste.

c. Wangari Maathai est née au :
☐ Kenya.   ☐ Rwanda.   ☐ Ghana.

d. Wangari Maathai a reçu le prix Nobel :
☐ de Littérature.
☐ de la Paix.
☐ de Physique.

e. La mère dit qu'à l'heure actuelle :
☐ W. Maathai est ministre de l'Environnement.
☐ elle ne connaît pas la profession de W. Maathai.
☐ W. Maathai est en prison.

Expression orale

2 Choisis un des deux sujets.

a. Choisis un personnage que tu connais bien et fais sa biographie (naissance, faits marquants, etc.).

b. Ton professeur te montre la photo d'un personnage. Imagine sa biographie.

Compréhension écrite

Elle est née le 9 août 1976 à Beaumont dans le Puy-de-Dôme. Elle voulait être scientifique mais elle s'est finalement orientée vers des études de comédienne et a commencé à travailler à la télévision puis au cinéma. **Audrey Tautou** est devenue mondialement connue grâce au film *Le Fabuleux Destin d'Amélie Poulain*. On la retrouve dans *Da Vinci Code* aux côtés de Tom Hanks.

3 Lis le document.
Vrai ou faux ? Corrige les phrases fausses.

a. Le personnage de la photo s'appelle Amélie Poulain.

b. Elle est scientifique et comédienne.

c. Elle a d'abord travaillé pour la télévision.

d. Le film *Da Vinci Code* l'a rendue mondialement connue.

e. Elle est mariée à Tom Hanks.

Expression écrite

4 Tu écris à un(e) ami(e) pour lui parler du dernier film que tu as vu.
Tu lui racontes l'histoire/la vie d'un des personnages du film.

> Chère ...
> Ce week-end, j'ai vu un film super !
> C'était l'histoire de...
> Au début du film...

Félicitations ! Vous êtes l'une des cinq équipes sélectionnées pour la cinquième étape ! Bonne continuation !

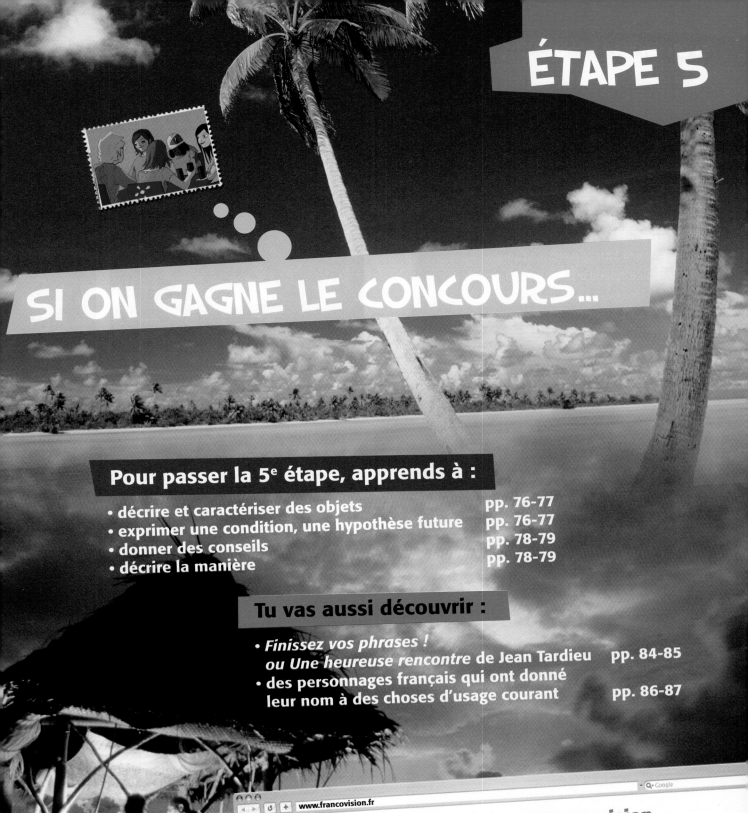

SI ON GAGNE LE CONCOURS...

Pour passer la 5e étape, apprends à :

- décrire et caractériser des objets — pp. 76-77
- exprimer une condition, une hypothèse future — pp. 76-77
- donner des conseils — pp. 78-79
- décrire la manière — pp. 78-79

Tu vas aussi découvrir :

- *Finissez vos phrases !*
  ou Une heureuse rencontre de Jean Tardieu — pp. 84-85
- des personnages français qui ont donné
  leur nom à des choses d'usage courant — pp. 86-87

www.francovision.fr

Grand Jeu-Concours Francovision

Cinquième étape (5/6) :
Êtes-vous de vrais aventuriers ?

Vous vous retrouvez sur une île déserte
de l'océan Pacifique après un naufrage.
Que faites-vous pour survivre ?

Faites le jeu proposé et...
que les meilleurs gagnent !

Date limite : le 20 avril.

Qu'est-ce qu

Lucas. – À quoi tu penses, Julie ? Tu es bien rêveuse !

Julie. – Hein ? Ah, je pensais à l'année prochaine, quand on sera sur le bateau !

Étienne. – Si on gagne le concours !

Emma. – Mais on va le gagner ce concours, Étienne !

Julie. – J'espère ! Et si on gagne, on pourra emporter des objets personnels ?

Lucas. – Sur le bateau ? Je ne sais pas si on aura beaucoup de place !

Maxime. – Eh bien moi, quand je ferai ma valise, la première chose que je prendrai, ce sera...

Emma. – Attends, Maxime, laisse-nous deviner... C'est de quelle taille : grand ou petit ?

Maxime. – Hum... C'est plutôt petit.

Étienne. – C'est de quelle couleur ?

Maxime. – Il y en a de toutes les couleurs mais le mien est noir et blanc.

Lucas. – C'est en quelle matière ? En métal ?

Julie. – Ça a quelle forme ?

Maxime. – Eh ! Pas tous en même temps ! Celui-ci est en plastique et il a une forme plus ou moins rectangulaire.

Emma. – Et ça sert à quoi ?

Maxime. – Bonne question ! Ça sert à plein de choses ! Ça sert à jouer à des jeux, à écouter de la musique ou la radio, à regarder des clips vidéo, à prendre des photos et...

Julie. – Un ordinateur !

Maxime. – Non !

Lucas. – Et ça sert à parler à distance, n'est-ce pas ?

Maxime. – Oui, monsieur ! Exactement !

Observe les documents

1 Réponds aux questions.

a. À ton avis, de quoi parlent les cinq amis ?

b. Imagine : que mettra Maxime dans sa valise ?

c. Selon toi, quelles questions peuvent lui poser ses amis pour deviner ce qu'il emportera ?

Tu comprends ?

2 Écoute. Choisis la réponse qui convient.

a. Les cinq amis pourront-ils emporter des objets personnels ?
  1. Oui.
  2. Non.
  3. Peut-être.

b. Que prendra Maxime ?
  1. Un ordinateur.
  2. Un téléphone.
  3. Un Mp4.

c. Qui devine finalement l'objet qu'il emportera ?
  1. Lucas.
  2. Julie.
  3. Personne.

Grammaire

Les pronoms possessifs et démonstratifs

3 a Observe.

Mon portable est gris métallisé.

Le mien est noir et blanc.

Ce portable est en plastique.

Celui-ci est en métal.

on emportera ?

 ORAL

Attends, Maxime, laisse-nous deviner... C'est de quelle taille : grand ou petit ?

Attention !

Si + présent → futur
exprime une hypothèse, une condition :
Si on gagne cette étape, on ira en finale.

Quand + futur
exprime un fait futur :
Quand nous gagnerons cette étape, nous irons en finale.

---

3 b Relie les équivalents.

le mien   ma console   celle-ci
les miennes   mon portable   ceux-ci
les miens   mes lunettes   celui-ci
la mienne   mes jeux vidéo   celles-ci

Le futur simple – Verbes irréguliers

4 a Formation du futur simple. Complète la règle.

Le **futur simple régulier** = ... + terminaisons du verbe *avoir* : **-ai, -as, -a, -ons, -ez, -ont**.

4 b Que se passe-t-il pour les verbes qui finissent en *e* ?
Ex. Prendre ➤ Je prendrai.

5 a Relève dans le dialogue quatre verbes irréguliers au futur.

5 b Retrouve l'infinitif de ces verbes irréguliers.

  1. Je devrai   **4.** Nous irons
  2. Tu verras   **5.** Vous voudrez
  3. Elle saura   **6.** Ils reviendront

5 c Complète les phrases du dialogue. Quel est le temps employé ?

  1. Je pensais à l'année prochaine, quand on ... sur le bateau.
  2. Si on gagne le concours, on ... emporter des objets personnels ?

---

6 Écoute et retrouve l'infinitif des verbes au futur.

➤ Entraîne-toi pp. 80 à 82

Mes mots

7 Observe ces réponses. Retrouve les questions correspondantes dans le dialogue. Écoute pour vérifier.

  a. C'est de taille moyenne. – **b.** En verre. –
  c. Ça a la forme d'un cube. – **d.** C'est grand. –
  e. En métal. – **f.** C'est allongé. – **g.** À écrire. –
  h. C'est petit. – **i.** En bois. – **j.** Bleu. –
  k. À ranger ses affaires. – **l.** En tissu.
  Ex. **a.** *C'est de quelle taille ? ➤ C'est de taille moyenne.*

À toi !

8 À deux. Imagine : Tu vas partir loin pour un voyage d'un an. Quels objets personnels emporteras-tu ? Ton/ta camarade te pose des questions pour deviner.

Utile...

  C'est de quelle taille ?
  Ça sert à quoi ?
  Celui-ci est petit.
  Ça a la forme de...
  C'est en...
  Le mien est rouge.

➤ Entraîne-toi pp. 80 à 83

Êtes-vous de vrais aventuriers ?

Situation

Imaginez : vous faites une croisière sur l'océan Pacifique, mais malheureusement, votre bateau fait naufrage et vous vous retrouvez sur une île déserte...

Voici les conseils de notre spécialiste pour pouvoir survivre avant l'arrivée des secours. Si vous êtes de vrais aventuriers, vous savez sûrement quoi faire ! Alors devinez rapidement la solution de ces énigmes et envoyez-nous vos réponses : les premiers à répondre correctement seront les gagnants !

1 Vous devrez en faire un rapidement pour vous chauffer, faire la cuisine et signaler votre présence aux secours (avions, hélicoptères...).
➤ Vous devrez faire un ▢▢▢ .

2 Vous devrez en boire au minimum un litre par jour.
➤ Vous devrez boire de l'▢▢▢ D O U C E .

3 Si vous en trouvez sur la plage, mangez-les : ils vous apporteront de l'énergie.
➤ Vous devrez chercher des C ▢▢▢▢▢▢▢▢▢ .

4 Vous devrez en faire une avec des branches ; elle vous protégera de la pluie, du vent, du froid et du soleil. Construisez-la solidement, elle devra peut-être durer longtemps !
➤ Vous devrez faire une ▢▢▢▢▢▢ .

5 Vous pourrez en manger des sauvages, mais attention, choisissez-les soigneusement : certains sont toxiques !
➤ Vous pourrez manger des ▢▢▢▢▢▢ .

6 Vous devrez être prudent(e)s, car il y en aura certainement beaucoup ; et ils peuvent être dangereux !
➤ Il y aura beaucoup d' ▢▢▢▢▢▢▢▢ .
S A U V A G E S

Observe le document

1 De quel type de document s'agit-il ?
a. Un test sur les vacances.
b. Un jeu.
c. Une enquête.

2 Cherche le nom des choses signalées sur le dessin (utilise ton dictionnaire si nécessaire).

Tu comprends ?

3 Lis la partie « Situation » et réponds aux questions.
a. Où vous trouvez-vous ? Pourquoi ?
b. Pendant combien de temps allez-vous rester dans cet endroit ?
c. En quoi consiste le jeu ?
d. Que faut-il faire pour gagner ?

4 a Associe les conseils aux dessins et trouve la réponse aux énigmes.

4 b 💿 Écoute pour vérifier.

5 Retrouve dans le texte les conseils concernant les points suivants. Quelles sont les trois manières de donner des conseils ?
faire un feu – manger des coquillages – manger des fruits

Grammaire

Les pronoms COD – Le pronom *en*

> ### Rappelle-toi !
> Tu connais déjà les pronoms COD :
> – **le, la, l', les.**
> *Construisez-la (la = votre cabane).*
> *Choisissez-les (les = les fruits).*
> – **me/m', te/t', nous, vous.**
> *Elle vous protégera de la pluie.*

6 a Relève dans le texte les phrases avec le pronom COD *en*.
*Ex. Vous devrez **en** faire **un** rapidement.*

6 b Quels mots remplace le pronom *en* dans chaque phrase ? Par quoi sont introduits ces mots ?

Un article indéfini *(un, une, des)* ? Un article partitif *(du, de la, de l')* ? Une expression de quantité *(un litre, beaucoup...)* ?
Ex. Vous devrez en faire un rapidement.
> *en* = <u>un</u> feu > article indéfini

> À la forme affirmative et interrogative, on répète *un, une* et l'expression de la quantité :
> *Vous devrez faire **<u>un feu</u>**.*
> > *Vous devrez **en** faire **<u>un</u>**.*
> *Vous devez boire **<u>un litre d'eau</u>**.*
> > *Vous devez **en** boire **<u>un litre</u>**.*

Les adverbes en -*ment*

7 a Relève dans le texte les adverbes en -*ment* et retrouve l'adjectif correspondant.
Ex. malheureusement > malheureux/ malheureuse

7 b Sur quelle forme de l'adjectif se construit l'adverbe ?

7 c Formation des adverbes en -*ment*. Complète la règle.

Pour former un adverbe en -*ment*, on prend ... et on ajoute -*ment*.

> Quelques adverbes irréguliers
> *vrai/vraie* > *vrai**ment***
> *évident/évidente* > *évide**mment***
> *courant/courante* > *coura**mment***

> Entraîne-toi pp. 82-83

Mes mots

Vivre (1),
Qu'est-ce que c'est amusant !
Partir à l'aventure,
Agir (2)

S'approcher (3)
D'animaux menaçants
Qui bondissent (4)
Et attaquent (5)

Mais tout ça n'est qu'un rêve
Car je reste (6)
Assis avec mes livres
Ou devant mon écran !

J'suis un aventurier
Moderne (7)
Je préfère voyager
Dans mon appartement !

8 a Complète la chanson avec les adverbes correspondant aux adjectifs suivants.

1. *dangereux* > *dangereusement*
2. héroïque > ...
3. doux > ...
4. rapide > ...
5. sauvage > ...
6. tranquille > ...
7. évident > ...

8 b Écoute la chanson et vérifie tes réponses. Chante-la.

À toi !

9 À deux. Écris un conseil-devinette à ton/ta camarade. Il/Elle devine de quoi il s'agit.
Ex. Tu pourras en vivre une, si tu lis ce livre.
> *Une belle aventure !*

Utile...

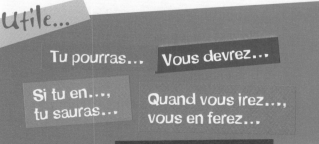

Tu pourras...	Vous devrez...
Si tu en...., tu sauras...	Quand vous irez..., vous en ferez...

> Entraîne-toi pp. 80 à 83

Exprimer une condition, une hypothèse

Si vous gagnez le concours, où est-ce que vous partirez en voyage ?

Exprimer un fait futur

Tu pourras m'appeler quand tu connaîtras les dates du concours ?

Faire des suggestions, conseiller

On pourra (+ infinitif)
Vous devrez (+ infinitif)
Faites...

Poser des questions sur des objets, les décrire et les caractériser

C'est en quelle matière ? *C'est en verre, en métal, en bois, en tissu, celui-ci est en plastique...*

C'est de quelle taille ? *C'est de taille moyenne, c'est grand, c'est plutôt petit...*

Ça a quelle forme ? *Ça a la forme d'un cube, c'est allongé, ça a une forme plus ou moins rectangulaire...*

C'est de quelle couleur ? *C'est bleu, jaune, le mien est noir et blanc...*

Ça sert à quoi ? *Ça sert à écrire, à ranger ses affaires, à se protéger de la pluie...*

Éviter des répétitions

Avec les pronoms possessifs : *Le mien est...*
Avec les pronoms démonstratifs : *Celui-ci est...*
Avec le pronom COD *en* : *Vous devrez en faire une avec des branches.*
Avec les pronoms COD *le, la, l', les* : *Votre cabane, construisez-la solidement.*

Exprimer la manière

Couramment
Dangereusement
Doucement
Évidemment
Malheureusement
Rapidement
Solidement
Vraiment

Les futurs irréguliers

1 Retrouve les sept verbes au futur cachés dans la grille et complète la brochure touristique ci-dessous.

R	V	A	U	R	E	Z	R	T	A
O	O	D	O	E	A	S	T	U	O
C	U	Y	R	C	R	A	S	R	E
U	D	A	F	E	R	E	Z	L	O
I	R	E	T	V	R	A	I	E	N
P	O	U	R	R	O	N	T	E	M
P	N	E	Z	A	E	G	U	P	A
U	T	P	R	E	N	D	R	E	Z
A	P	E	R	C	E	V	R	E	Z

Excursion à l'Île des Pins

Le matin, vous ... l'avion à destination de l'île des Pins. Après 20 minutes de vol, vous ... l'île des Pins, perle de beauté de l'océan Pacifique.

langue

2 Complète le journal intime de Julie avec les verbes de la liste au futur.
aller – avoir – emporter – être – faire – pouvoir – rencontrer – savoir – vivre

Dimanche 30 avril
Cher journal, l'étape finale approche ! Dans quelques mois, je ... peut-être très loin d'ici ! Je le ... dans quelques semaines ! Quel stress ! J'... des cours bien sûr, mais j'imagine qu'on ... des choses très différentes de celles qu'on fait au collège : on ... dans des endroits de rêve, on ... des gens différents, on ... découvrir d'autres cultures. Et je t'... avec moi, cher journal, pour te raconter toutes les aventures que je ... au bout du monde !

À votre arrivée, le personnel de l'hôtel vous ... avec une boisson d'accueil. Vous ... toute la matinée pour profiter de l'hôtel, et des merveilleuses plages de sable blanc.
Ceux qui ... pratiquer une activité sportive ... choisir entre le volley-ball, la plongée, le VTT ou le canoë.
Après le déjeuner, vous ... un tour de l'île à la découverte des plus beaux sites de la région et de ses monuments chargés d'histoire.
Retour vers Nouméa prévu en fin de journée.

Départ des excursions :
tous les jours.

Les pronoms possessifs

3 Complète comme dans l'exemple.
*Ex. Ces affaires sont à moi. ➤ (toi) **Les tiennes** sont dans ta chambre.*

a. C'est mon appareil photo. ➤ (vous) ... est là.

b. Ce ne sont pas nos parents. ➤ (nous) ... sont au travail.

c. Ce sont tes bandes dessinées ? ➤ (moi) Alors, où sont ... ?

	singulier		pluriel	
	masculin	féminin	masculin	féminin
Je	le mien	la mienne	les miens	les miennes
Tu	le tien	la tienne	les tiens	les tiennes
Il/Elle	le sien	la sienne	les siens	les siennes
On/Nous	le nôtre	la nôtre	les nôtres	
Vous	le vôtre	la vôtre	les vôtres	
Ils/Elles	le leur	la leur	les leurs	

4 Évite les répétitions en remplaçant les mots en gras par un pronom possessif.

a. Mes enfants vont au collège à pied mais **tes enfants** prennent le bus.

b. J'ai trouvé que ton interview était plus intéressante que **l'interview de Julie**.

c. Lesquelles choisiront-ils pour le reportage ? Nos photos ou **vos photos** ?

d. Son équipe n'a pas été sélectionnée pour l'étape suivante du concours. **Mon équipe**, si !

Les pronoms démonstratifs

5 Complète comme dans l'exemple.
*Ex. Ce portable est très récent. → (ancien) **Celui-ci** est ancien.*

a. Cette table est allongée. ➤ (ronde) ...

b. Ces CD sont de Diam's. ➤ (Raphaël) ...

c. Les premières questions étaient faciles. ➤ (difficiles) ...

	singulier	pluriel
masculin	celui-ci	ceux-ci
féminin	celle-ci	celles-ci

6 Associe les phrases puis complète avec le pronom démonstratif qui convient.

- a. Cette histoire est ennuyeuse.
- b. J'ai déjà participé à un concours l'an dernier.
- c. Ces bateaux sont en bois.
- d. Emma cherche des lunettes.

- **1.** Mais je dois dire que .... est bien plus amusant !
- **2.** Lis plutôt ..., elle est passionnante !
- **3.** Elle aime bien ... mais elles sont trop chères.
- **4.** Mais ... sont en plastique et en métal.

Le pronom COD *en*

7 À l'aide des dessins, retrouve ce que remplace le pronom *en* et réécris les phrases.

- a. Mes parents m'en ont acheté plusieurs, cette année. ➤ ...
- b. J'en bois un tous les matins. ➤ ...
- c. J'en ai trois dans ma trousse. ➤ ...
- d. Non, je n'en ai pas. ➤ ...

8 Remplace les mots en gras par un pronom : *le, la, l', les* ou *en*.

- a. Si on gagne, j'emporterai **des objets personnels**.
- b. Si on gagne, j'emporterai **mes objets personnels**.
- c. J'ai vu **le dernier film de Johnny Depp** hier.
- d. J'ai vu **deux films de Johnny Depp** hier.
- e. Si notre bateau fait naufrage, je chercherai **des coquillages**.
- f. Sauras-tu allumer **le feu** ?
- g. Sauras-tu trouver **la source d'eau douce** ?

Tu veux...			
article indéfini	**un** indice ? **une** piste ?	Oui, j'**en** veux **un(e)**.	Non, je n'**en** veux pas.
	des coquillages ?	Oui, j'**en** veux.	
article partitif	**du** chocolat ? **de l'**eau ?	Oui, j'**en** veux.	
expression de quantité	**quelques** fruits ?	Oui, j'**en** veux (quelques-uns).	
	deux bouteilles d'eau ?	Oui, j'**en** veux **deux**.	

9 Observe la liste des objets que Lucas emportera sur le bateau s'il gagne le concours. Pose une question à ton/ta voisin(e), qui répond à l'aide du pronom *en*. Puis inversez les rôles.
Ex. Est-ce que Lucas emportera de l'argent ?
→ *Oui, il **en** emportera **un peu**.*

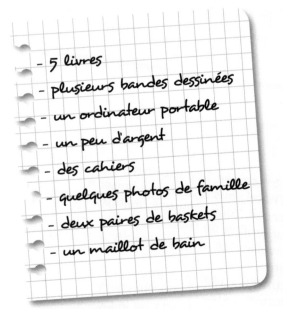

- 5 livres
- plusieurs bandes dessinées
- un ordinateur portable
- un peu d'argent
- des cahiers
- quelques photos de famille
- deux paires de baskets
- un maillot de bain

angue

Les adverbes en -*ment*

10 Retrouve les adverbes en -*ment* correspondant aux adjectifs suivants. Attention, certains sont irréguliers.

a. sûr

b. évident

c. rapide

d. lent

e. long

f. vrai

g. clair

h. courant

Formation des adverbes en -*ment*

Pour former un adverbe en -*ment*, on prend l'adjectif féminin correspondant et on ajoute -*ment*.
correct/correcte ➤ correctement
doux/douce ➤ doucement

11 Complète les phrases avec les adverbes correspondant aux adjectifs en gras.

a. Les organisateurs ont été **clairs** ; ils nous ont présenté ... les règles du concours.

b. Nous avons été **attentifs** aux énigmes posées ; nous avons répondu ... à toutes les questions.

c. Cette aventurière est vraiment **gentille** ; elle nous a reçus ... chez elle pour une interview.

d. Soyons **efficaces** pour la dernière étape du jeu ; organisons-nous ... !

e. Lucas est **impatient** ; il attend ... l'étape finale du jeu !

12 Trouve l'intrus.

a. solidement – timidement – bruyamment

b. pareillement – récemment – logiquement

c. fortement – exactement – puissamment

d. étonnamment – malheureusement – concrètement

e. certainement – prudemment – formidablement

d. différemment – évidemment – logiquement

13 a Remets les voyelles entre parenthèses à leur place pour déchiffrer ces adverbes en -*ment*.

1. P_L_M_NT   (E O I)

2. P_SS___NN_M_NT   (É A I O E)

3. S___V_G_M_NT   (E A U E A)

4. F___SS_M_NT   (E A U E)

5. C_LM_M_NT   (E A E)

6. T_M_D_M_NT   (E I E I)

13 b Pour chaque adverbe de l'exercice 13 a, retrouve l'adjectif correspondant.

Phonétique

Le *e* caduc

1 Rappelle-toi : les *e* caducs au futur
Écoute et observe les verbes avec un *e* caduc.

a. Qu'est-c**e** qu'on f**e**ra sur l**e** bateau ?

b. Vous emport**e**rez des objets personnels ?

c. Quand on s**e**ra sur l**e** bateau, je te laiss**e**rai mon lecteur Mp3.

2 Écoute et observe les *e*. Que se passe-t-il ?

a. Tu crois qu'on aura d**e** la plac**e** ?

b. Attends, Maxim**e**, laisse-nous d**e**viner !

c. C'est d**e** quell**e** couleur ? C'est d**e** quell**e** taill**e** ?

3 Maintenant, lis ces phrases :
a. en prononçant les « e » soulignés ;
b. en ne prononçant pas les « e » soulignés. (Registre plus familier.)

1. Si on s**e** voit d**e**main, on parl**e**ra d**e** la nouvelle étap**e**.

2. J**e** suis sûr qu'on arriv**e**ra en premièr**e** position et qu'on gagn**e**ra l**e** concours !

3. Dans un an, nous s**e**rons à des milliers d**e** kilomètr**e**s d'ici et on f**e**ra des tas d**e** chos**e**s intéressant**e**s !

c. Écoute pour vérifier.

En scène !

JEAN TARDIEU

1903 – 1995

Il a été poète, essayiste, dramaturge, traducteur et critique d'art.

Finissez vos phrases ! ou Une heureuse rencontre, Jean Tardieu.
Mise en scène : I. Luccioni et R. Gouzenne
(Cave Poésie, Toulouse, 1998).

Extrait

Monsieur A et Madame B, personnages quelconques*[...], se rencontrent dans une rue quelconque, devant la terrasse d'un café.

MONSIEUR A, *avec chaleur*. – Oh ! chère amie. Quelle chance de vous...

MADAME B, *ravie*. – Très heureuse, moi aussi. Très heureuse de... vraiment oui !

5 MONSIEUR A. – Comment allez-vous, depuis que ?...

MADAME B, *très naturelle*. – Depuis que ? Eh bien ! J'ai continué, vous savez, j'ai continué à...

MONSIEUR A. – Comme c'est !... Enfin, oui vraiment, je trouve que c'est...

10 MADAME B, *modeste*. – Oh ! n'exagérons rien ! C'est seulement, c'est uniquement... Je veux dire : ce n'est pas tellement, tellement...

MONSIEUR A, *intrigué, mais sceptique*. – Pas tellement, pas tellement, vous croyez ?

MADAME B, *restrictive*. – Du moins je le..., je, je, je... Enfin !...

15 MONSIEUR A, *avec admiration*. – Oui, je comprends : vous êtes trop, vous avez trop de...

MADAME B, *toujours modeste, mais flattée*. – Mais non, mais non : plutôt pas assez...

MONSIEUR A, *réconfortant*. – Taisez-vous donc ! Vous n'allez pas nous... ?

20 MADAME B, *riant franchement*. – Non ! non ! Je n'irai pas jusque-là !

Un temps très long. Ils se regardent l'un l'autre en souriant.

MONSIEUR A. – Mais, au fait ! Puis-je vous demander où vous... ?

MADAME B, *très précise et décidée*. – Mais pas de.... !! Non, non, rien, rien. Je vais jusqu'au, pour aller chercher mon. Puis je reviens à la.

25 MONSIEUR A, *engageant et galant, offrant son bras*. – Me permettez-vous de... ?

MADAME B. – Mais, bien entendu ! Nous ferons ensemble un bout de...*.

Finissez vos phrases ! ou Une heureuse rencontre
de Jean Tardieu, 1978, in La Comédie du langage, © Éditions Gallimard.

* Quelconque : *sans rien de particulier.*
* Faire un bout de chemin ensemble : *marcher un peu ensemble.*

Avant de lire le texte

1 De quel type de texte s'agit-il ?
Comment le sais-tu ?

   a. Un dialogue de roman.

   b. Un extrait de pièce de théâtre.

   c. Un scénario de film.

2 Parmi les différentes professions de Jean Tardieu, laquelle évoque une personne qui écrit des pièces de théâtre ?

3 Fais une enquête dans ta classe. Connaissez-vous des pièces de théâtre ? De votre pays ? D'autres pays ?

Maintenant, lis le texte

4 a Lis la définition suivante de *didascalie*.

> **Didascalie :** indication dans un texte théâtral, qui ne fait pas partie du dialogue (présentation du décor, de la mise en scène et du lieu de l'action, indications sur l'entrée en scène des personnages, les gestes, les mimiques, le ton des répliques).
> *Ex.* MONSIEUR A, *avec chaleur.*

4 b Lis la première didascalie du texte et réponds aux questions.

   1. Combien y a-t-il de personnages et qui sont-ils ?

   2. Où se passe la scène ?

5 Lis le texte et réponds aux questions.

   a. Que remarques-tu de spécial dans ce dialogue ?

   b. À ton avis, les personnages se connaissent-ils bien ? Se voient-ils souvent ?

   c. Trouve dans le texte l'expression pour dire :

      1. Il ne faut pas exagérer ! = ...

      2. Pas trop ! = ...

      3. Ne dites pas ça ! = ...

      4. Mais à propos ! Est-ce que je peux vous demander... = ...

      5. Est-ce que je peux... ? = ...

      6. Mais bien sûr ! = ...

6 a Associe et fais la mimique correspondante.

   1. restrictive   **a.** qui émet une réserve

   2. décidée   **b.** qui prend des initiatives pour séduire

   3. engageant   **c.** plein d'attention, de politesse, plus spécialement envers les femmes

   4. galant   **d.** qui a les idées claires, qui agit avec décision, détermination, résolution

6 b Cherche ces mots dans le dictionnaire et prononce la phrase suivante sur ces différents tons.

   ravi(e) – très naturel(le) – sceptique – avec admiration – flatté(e)

> **C'est vrai ?**

Atelier d'écriture

7 a Par groupes de trois. Définissez plus précisément les personnages : âge, profession, position sociale, situation civile (marié(e), veuf/veuve, célibataire...).

7 b Ensuite, finissez les phrases inachevées du texte.

N'oubliez pas de prendre en compte :
– Le lieu, la mise en scène, les caractéristiques des personnages ainsi que le ton des répliques indiqué par les didascalies.
– Le contenu et le ton de la réplique suivante.
Ex. MONSIEUR A, *avec chaleur.* – Oh ! chère amie. Quelle chance de vous revoir/rencontrer/voir en aussi bonne santé...

7 c Puis lisez votre texte à la classe et comparez.

8 Choisis un rôle et apprends-le. Avec un(e) camarade de ton groupe, jouez un passage devant la classe. (Un(e) troisième camarade aura le rôle du « souffleur ».)

A Je suis un stylo à bille très utilisé. Ma marque, fondée par le baron Bich, est connue dans le monde entier depuis 1953.

B Je suis un fruit inventé en 1902 par un moine : le Père Clément. Il m'a créé en croisant un mandarinier et un oranger amer.

Ces objets sont des éponymes : leur nom vient du nom de famille de leur inventeur. Les connais-tu ?

Des choses courantes

C Je suis un signe typographique, collègue du point, de la virgule, des parenthèses... et j'ai été inventé par un imprimeur appelé Guillaume, en 1677.

un opinel

la guillotine

un bic

le braille

la béchamel

une poubelle

F Je suis un système d'écriture mis au point en 1828 par un professeur – Louis Braille – qui est devenu aveugle à l'âge de trois ans. Il m'a inventé pour permettre à ses élèves aveugles de lire avec leurs mains.

Observe les documents

1 À ton avis, qu'est-ce qu'un *éponyme* ?

   a. un mot qui est l'équivalent d'un autre mot.

   b. un nom propre qui est devenu un nom commun.

   c. un mot qui se prononce comme un autre mot, mais qui s'écrit de manière différente.

2 Associe les photos aux noms d'objets.

3 Tu connais le nom de leur inventeur ? Essaie de deviner.

   Ex. La guillotine (illustration 1) ➤ *Monsieur Guillo...*

G Je suis un couteau très pratique que l'on peut emporter partout, inventé en 1895 par Joseph Opinel. Je suis le compagnon indispensable des pique-niques français !

et des personnages célèbres

E

Je sers à jeter les déchets et mon usage a été imposé en 1884 par le préfet de la Seine : Eugène René Poubelle.

D

Je suis un instrument de supplice utilisé dès 1792 pour couper les têtes. C'est le docteur Joseph Guillotin qui a conseillé de m'utiliser pour écourter les souffrances des condamnés à mort lors de la Révolution française.

8

6

H

Je suis une sauce très employée en cuisine et connue dans le monde entier. Mon inventeur, Louis de Béchameil, qui a vécu de 1630 à 1703, était maître d'hôtel de Louis XIV.

une clémentine

un guillemet

7

Lis les textes

4 a Quelles inventions se cachent derrière ces devinettes ?

4 b Compare tes réponses à la question 3 avec le nom des personnages dans le texte.

À toi !

5 Place les objets sur la frise ci-dessous.

6 Comment s'appellent ces choses ou objets dans ta langue ? Est-ce que le mot est proche du français ?

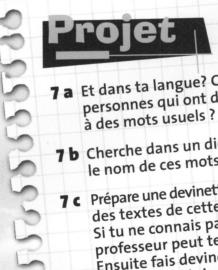

Projet

7 a Et dans ta langue? Connais-tu des personnes qui ont donné leur nom à des mots usuels ?

7 b Cherche dans un dictionnaire le nom de ces mots en français.

7 c Prépare une devinette sur le modèle des textes de cette page. Si tu ne connais pas d'éponymes, ton professeur peut te donner des pistes. Ensuite fais deviner à tes camarades de quel mot il s'agit.

| 1600 | 1650 | 1700 | 1750 | 1800 | 1850 | 1900 | 1950 | 2000 |

L'apprenti sorcier

Chapitre 5

Une rencontre inattendue

Je l'ai vue se cacher derrière le grand canapé, au moment où je suis entré. Une ombre ! Une silhouette !

Je suis resté paralysé. Il faisait nuit. Est-ce qu'elle m'a vu ? Est-ce qu'elle m'a entendu ? Sûrement, car elle était là.

Les questions se bousculaient dans ma tête. Je ne savais plus quoi faire, et pour être honnête, j'étais terrorisé. Alors je me suis caché pour mieux réfléchir. J'ai rampé jusqu'à la fenêtre et je me suis glissé derrière les rideaux.

J'ai attendu environ dix minutes. Je le sais, car la pendule a sonné les douze coups de minuit. L'heure à laquelle j'allais enfin pouvoir vérifier mes pouvoirs de sorcier.

Puis j'ai douté. Je me suis demandé si cette silhouette existait vraiment. Si cette ombre n'était pas le fruit de mon imagination. Dans la nuit, on voit parfois des choses qui n'existent pas. On se fait des idées, on s'invente des histoires, on…

Non ! Impossible ! J'ai bien vu une silhouette se cacher derrière le canapé. La peur m'a envahi.

Et si c'était un fantôme ?

1 Qu'a fait Harry ? Remets les phrases dans l'ordre.

a. Il a attendu dix minutes.

b. Il a rampé jusqu'à la fenêtre.

c. Il a marché vers le canapé en pointant sa baguette magique.

d. Il a vu une ombre se glisser derrière le grand canapé.

e. Il s'est caché derrière les rideaux.

2 Harry raconte ses moments d'angoisse. Complète son récit avec les mots suivants.

draps – ombre – danger – peur – fantôme

« En entrant dans le salon, j'ai aperçu une … se glisser derrière le canapé. Je ne savais pas qui c'était, ce que c'était, j'avais très … . J'étais même terrorisé ! J'ai pensé que c'était peut-être un … . Je n'avais qu'une envie : retourner dans ma chambre et me réfugier sous les … de mon lit. Mais j'ai finalement décidé d'affronter le … . »

3 Vrai ou faux ? Justifie tes réponses.

a. Harry est entré dans le salon avant minuit.

b. Harry s'enfuit en voyant une silhouette.

c. Harry prononce une formule magique pour faire disparaître le fantôme.

d. Harry s'est caché derrière le canapé.

e. Harry a fait bon usage de ses pouvoirs de sorcier.

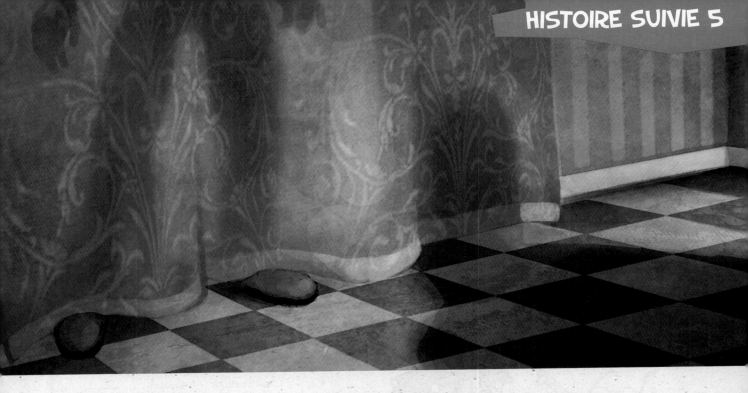

Sur l'instant, j'ai paniqué. Je me suis demandé ce qu'il faisait là, dans cette maison, dans ce salon. J'avais très peur. Je voulais retourner dans mon lit pour me cacher sous les draps, mais une voix intérieure m'ordonnait de rester.

– Tu n'as pas veillé jusqu'à minuit pour t'enfuir ! Tu es là pour savoir si tu es un sorcier !

Alors, j'ai décidé d'affronter le danger. J'ai décidé de tester mes pouvoirs en me débarrassant de ce maudit fantôme.

Je suis sorti de ma cachette puis j'ai marché vers le canapé en faisant croire que je dormais. J'ai pointé ma baguette dans la direction du fantôme en murmurant :

– Abracadabré ! Fais disparaître le fantôme caché derrière le grand canapé !

Puis j'ai ouvert les yeux. Le fantôme n'était plus là.

Je méritais alors mon diplôme de sorcier. Darkmor et Merlinus pouvaient être fiers de moi. J'avais fait bon usage de mes pouvoirs en débarrassant la maison d'un fantôme.

4 Relève les adjectifs qui correspondent aux émotions d'Harry.

a. terrorisé

b. confus

c. triste

d. étonné

e. indécis

f. fier

g. joyeux

h. craintif

i. sensible

5 Retrouve les huit mots cachés dans la grille.

imaginer – fantôme – maudit – silhouette – ombre – histoire – cachette – fruit

S	I	C	A	C	H	E	T	T	E
I	I	M	A	G	I	N	E	R	M
L	A	L	R	M	G	I	M	S	M
H	F	O	H	P	F	T	A	X	O
O	A	U	I	O	R	G	U	L	M
U	N	V	S	T	U	A	D	S	B
E	T	O	T	V	I	E	I	N	R
T	O	C	O	L	T	X	T	R	E
T	M	G	I	J	O	U	O	T	N
E	E	S	R	E	N	D	I	L	E
F	A	O	E	B	M	N	R	I	S

Fais le point 5

DELF A2

Compréhension orale

1 💿 Écoute et réponds aux questions.

Les auditeurs d'une émission de radio parlent des objets de leur enfance.

a. Dis de quel objet parle chaque auditeur.

b. Écoute à nouveau. À quelle question a répondu chaque auditeur ?

Ex. Auditeur 1 ➤ Question n°...

1. Quelle est leur forme ?

2. À quoi ça sert ?

3. Il est en quelle matière ?

4. Ils sont de quelle couleur ?

5. Elle a quelle taille ?

Expression orale

2 Choisis un des deux sujets.

a. Choisis un objet et décris-le. Ton/ta camarade devine de quoi il s'agit.

b. Si tu pars sur une île déserte, qu'est-ce que tu emporteras avec toi ? Pourquoi ? Décris l'objet.

Compréhension écrite

3 Lis le document et remplis la fiche signalétique.

Fiche signalétique

Nom : _____

Fabricant : _____

Forme : _____

Taille : _____

Vitesse : _____

Parties : _____

Caractéristiques / Avantages : _____

L'avenir du fauteuil roulant

Dans quelques années, ce robot à pattes conçu par Toyota sera peut-être une alternative au fauteuil roulant. Haut de 2,4 m, le « i-foot » plie les genoux pour embarquer son passager. Une fois celui-ci installé confortablement dans une sorte de cabine de pilotage en forme d'œuf, il est très facile pour lui de diriger l'engin à l'aide d'un joystick sur une console de jeu. Évidemment, le robot ne va pas très vite : 14,35 km/h maxi. Mais il est capable de monter ou de descendre les escaliers et les trottoirs, un exploit incroyable en fauteuil roulant !

D'après un article de *Science et Vie Junior* n° 185, p. 12, février 2005.

Expression écrite

4 Imagine ce que feront les gagnants du concours Francovision l'année prochaine.

Ils voyageront... ils feront ... ils connaîtront...

Félicitations ! Vous êtes l'une des deux équipes sélectionnées pour la sixième et dernière étape qui aura lieu en direct à la télé ! Courage !

JE VEUX SAVOIR CE QUE
JE RESPIRE !

STOP À LA POLLUTION

RÊVE OU RÉALITÉ ?

Pour gagner la finale (étape 6), apprends à :

- exprimer un souhait, un fait imaginaire   pp. 92-93
- exprimer des émotions   pp. 92-93
- comparer et décrire des lieux, des animaux...   pp. 94-95

Tu vas aussi découvrir :

- des jeux pour jouer
  avec la langue française   pp. 100-101
- la Polynésie française   pp. 102-103

---

www.francovision.fr

Q▾ Google

Grand Jeu-Concours Francovision

Sixième étape (6/6) : Êtes-vous de grands connaisseurs de la Francophonie?

Notre concours touche à sa fin. Êtes-vous prêt(e)s à vous affronter sur un plateau de télévision et à tester en direct vos connaissances sur le monde et sur la Francophonie?

Révisez bien votre géographie, vos sciences, votre histoire... et que les meilleurs gagnent!

Rendez-vous le 20 juin, sur notre plateau de télévision!

Rêve éveillé

JULIE1993 – Salut Emma, ça va ? Moi, je suis un peu angoissée à l'idée de passer demain à la télé ! Pas toi ?

M.A. – Moi, je suis terrorisée par cette dernière étape, mais j'essaie de ne pas y penser. Tu as fait ton exposé de SVT pour la semaine prochaine ? Moi, ça m'énerve : je n'ai pas d'idées !

BILLYTHEGATE – Salut les filles !

M.A. – Salut Étienne. Tu pourrais me prêter ton encyclopédie sur CD-Rom, si tu n'en as plus besoin ?

BILLYTHEGATE – Bien sûr. Au fait, vous avez choisi quel thème pour votre exposé ?

JULIE1993 – Moi j'ai fait mon exposé sur la Barrière de corail en Polynésie, et c'est vraiment inquiétant ! Elle est en train de disparaître à cause de la pollution. Je suis dégoûtée !

OMAXIMOM – Eh bien, on pourrait aller à la télé demain avec des pancartes pour manifester !

KALU – Bonne idée, Maxime : comme ça on nous éliminerait avant même de commencer ! ☹

JULIE1993 – Salut Lucas ! Moi, j'espère qu'on gagnera pour voir la Barrière de corail avant sa disparition !

OMAXIMOM – Ça serait génial de partir en Polynésie ! J'en rêve déjà : moi, je ferais de la plongée, Julie prendrait des photos de plages paradisiaques... Et les autres, où est-ce que vous aimeriez aller ? Quel est l'endroit de vos rêves ?

KALU – Moi, je me verrais bien à Tahiti en train de jouer des percussions !

JULIE1993 – Et moi, plutôt dans un pays en voie de développement, en train d'aider les habitants à construire une école, un hôpital...

BILLYTHEGATE – Moi, je n'y ai pas encore réfléchi, ça porte malheur de faire des projets avant de gagner !

M.A. – Pas du tout ! C'est bien de rêver ! Bon, allez, on devrait tous aller se coucher, demain c'est le grand jour !

Observe le document

1 De quoi s'agit-il ?

a. D'un chat.   **b.** D'un mél.   **c.** D'un dialogue.

2 Qui y participe ? Retrouve les pseudos d'Emma, Étienne, Julie, Lucas et Maxime.

a. Julie1993   **b.** M.A.   **c.** Billythegate
d. Omaximom   **e.** Kalu

Tu comprends ?

3 Vrai ou faux ? Corrige les phrases fausses.

a. Les cinq amis vont aller sur un plateau de télé pour passer la dernière étape.

b. Emma et Julie doivent faire un exposé d'histoire-géo pour le lendemain.

c. Étienne va prêter son encyclopédie sur CD-Rom à Emma.

d. Julie a fait son exposé sur la Barrière de corail en Australie.

4 Associe et complète les phrases.

1. jouer des

a. Lucas

b. Emma aimerait

c. Julie

d. Maxime

2. faire de la

3. aider à

4. aller

Grammaire

Le conditionnel

5 Observe les phrases et associe-les à leur valeur.

a. Tu pourrais me prêter ton encyclopédie ?

b. Moi, je ferais de la plongée.

c. Où est-ce que vous aimeriez aller ?

d. On devrait tous aller se coucher.

1. exprimer un fait imaginaire

2. faire une demande polie

3. exprimer un désir, un souhait

4. suggérer, donner un conseil

6 a Lis le « chat » et retrouve le conditionnel de ces verbes.

1. pouvoir ➤ on ...

2. éliminer ➤ on nous ...

3. être ➤ ça ...

4. prendre ➤ Julie ...

6 b Observe la formation du conditionnel et complète la règle.

Futur	Imparfait	Conditionnel
On **devra**	On devait	On **devra**it
Je **préférer**ai	Je préférais	Je **préférer**ais

➤ *Le conditionnel se forme avec le radical du ... et les terminaisons de l'... .*

Les pronoms COI *en* et *y*

7 a Retrouve dans le texte les phrases équivalentes et compare-les.

1. J'essaie de ne pas penser à cette étape. = ...

2. Tu n'as plus besoin de ton encyclopédie. = ...

3. Je rêve déjà de partir en Polynésie. = ...

4. Je n'ai pas encore réfléchi à l'endroit de mes rêves. = ...

7 b Que remplacent *en* et *y* ?

ÉCRIT

7 c Complète la règle.

Les pronoms COI *en* et *y*
Le pronom ... remplace un COI introduit par la préposition **de**.
Le pronom ... remplace un COI introduit par la préposition **à**.

➤ Entraîne-toi pp. 96 à 98

Mes mots

8 a Quel stress ! Associe les adjectifs aux personnages.

Dans le chat, qui est...

1. dégoûtée ? 2. terrorisée ? 3. énervée ?

4. inquiète ? 5. angoissée ?

8 b Associe un adjectif de l'exercice 8a à chaque situation.

1. Tu n'as pas réussi ton dernier examen. ➤ Je suis...

2. Tu regardes un film d'horreur. ➤ ...

3. Tu viens de voir une émission sur le massacre des bébés phoques. ➤ ...

À toi !

9 Où aimerais-tu partir en vacances ? Qu'aimerais-tu faire pendant ces vacances ?

Choisis un lieu (sans le nommer) et dis à ton/ta camarade ce que tu y ferais.

Il/Elle devine de quel endroit il s'agit.

Moi, j'irais à la plage sur les bords de la Seine, je monterais dans un bateau-mouche pour voir les monuments les plus importants de la ville, je verrais La Joconde dans un musée très connu, etc.

Utile...

Je ferais des percussions.

J'aiderais les habitants.

Je serais...

J'irais à la plage.

J'apprendrais à...

➤ Entraîne-toi pp. 96 à 99

Présentateur. – Bravo l'équipe bleue ! Vous avez été les plus rapides et vous gagnez un point supplémentaire. L'équipe de Florent mène donc 14 à 12. Attention, l'équipe rouge, si l'équipe bleue marque encore un point, ils gagnent notre concours Francovision ! Ok ? Voici la question suivante : Dans quelle province du Canada on trouve le plus de Francophones ?

Lucas. – Au Québec !

Présentateur. – Très bien, Lucas ! Effectivement, le Québec ! Je rappelle le score : équipe bleue 14 points, équipe rouge 13 points ! Voici la question : Quel est l'écrivain francophone le plus traduit dans le monde ?

Étienne. – Jules Verne ?

Présentateur. – C'est bien Jules Verne ! Bravo, Étienne ! Dommage pour l'équipe bleue, l'équipe rouge a été la plus rapide !

Maxime. – Génial, Étienne !

Étienne. – Facile, c'est l'auteur que je lis le plus !

Présentateur. – Vous êtes donc ex-aequo : 14-14 !

Julie. – Je crois que je vais m'évanouir !

Présentateur. – Dernière question. Concentrez-vous bien ! Quel est l'animal vertébré qui vit le plus longtemps ?

Florent. – La baleine !

Présentateur. – Hélas, noooon, Florent ! Julie ?

Julie. – La tortue ?

Présentateur. – C'est ton dernier mot Julie ? Tu es sûre ?

Julie. – J'espère !

Présentateur. – Oui, bravo ! Bonne réponse de l'équipe rouge qui gagne 15 à 14 ! Emma, Julie, Lucas, Étienne et Maxime vous aurez donc la chance de partir un an sur un magnifique bateau pour découvrir les pays de la Francophonie !

Julie. – On se croirait dans un rêve !

Lucas. – Mais non, ce n'est pas un rêve, c'est la réalité ! Tu es la meilleure, Julie !

Le grand

> Quel est l'écrivain francophon le plus traduit dans le monde ?

> L'équipe de Florent mène donc 14 à 12.

Observe les documents

1 Réponds aux questions.
- **a.** Où sont les cinq amis ? Pourquoi ?
- **b.** Connais-tu la réponse à la question de la vignette 2 ?

2 Choisis la réponse qui convient.
- **a.** Les cinq amis font partie de l'équipe *bleue/rouge/ verte*.
- **b.** Julie est *nerveuse/tranquille/indifférente* car son équipe *gagne/perd/est ex-aequo* avec l'autre équipe.

Tu comprends ?

3 Écoute et réponds aux questions.
- **a.** Observe l'évolution des scores. Signale les scores de l'équipe d'Emma.

14–12	14–13	14–14	14–15

- **b.** Replace les réponses dans l'ordre et dis qui les donne : *Jules Verne – la tortue – le Québec – la baleine Florent ? Lucas ? Julie ? Étienne ?*

4 a Écoute. Quelle est l'information demandée ? Associe les deux colonnes.

1. le Québec   a. durée de vie
2. Jules Verne   b. nombre d'habitants parlant français
3. la tortue   c. traductions en différentes langues

4 b Lis le dialogue. Retrouve les questions posées.
Ex. Dans quelle province... ?

> Je crois que je vais m'évanouir !

Grammaire

La place de l'adjectif

5 a Observe le dialogue et la place des adjectifs suivants :

1. supplémentaire ➤ Vous gagnez un ... point ... .
2. suivante ➤ Voici la ... question ... .
3. dernier ➤ C'est ton ... mot ... ?
4. bonne ➤ ... réponse ... !
5. magnifique ➤ Vous allez partir sur un ... bateau ... .

5 b Complète les règles avec « avant le nom » ou « après le nom ».

1. La majorité des adjectifs se placent ... . *Ex. une réponse <u>correcte</u>*
2. Les adjectifs d'appréciation peuvent se placer ... . *Ex. un <u>magnifique</u> bateau/ un bateau <u>magnifique</u>*
3. Certains adjectifs courts (*beau, joli, bon, jeune, vieux, petit, grand, mauvais, nouveau, dernier...*) se placent ... . *Ex. notre <u>grand</u> jeu*

Le superlatif

6 a Retrouve dans le texte ces quatre superlatifs de supériorité.

+ nom	Dans quelle province du Canada se trouvent ... ?
+ adjectif	Quel est l'écrivain ... dans le monde ?
+ adverbe	Quel est l'animal vertébré qui vit ... ?
+ verbe	C'est l'auteur que ... .

6 b Place ces superlatifs d'infériorité dans la phrase qui convient.

le moins – le moins montagneux – le moins d'habitants – le moins chaud

+ nom	Le pays où il y a ..., c'est la Mongolie (1,8 hab/km²).
+ adjectif	Le continent ..., c'est l'Océanie.
+ adverbe	La ville où il fait ..., c'est Vostok (– 89 °C !).
+ verbe	Le désert où il pleut ..., c'est le désert d'Atacama.

le plus bon, la plus bonne
➤ **le meilleur, la meilleure**

le plus bien ➤ **le mieux**

le plus mauvais, la plus mauvaise ➤ **le pire, la pire**

➤ Entraîne-toi pp. 98-99

Mes mots

7 a Observe ces mots :
aride – désert(e) – élevé(e) – éloigné(e) – ensoleillé(e) – vaste.

7 b Trouve dans la liste précédente un synonyme de :
chaud(e) – grand(e) – lointain(e) – montagneux/euse – sec/sèche – inhabité(e).

7 c Trouve dans les listes précédentes un contraire de :
humide – froid(e) – peuplé(e) – petit(e) – plat(e) – proche.

À toi !

8 À deux. Proposez des devinettes à la classe en utilisant des superlatifs.

Quel animal vit le moins longtemps ?
➤ **L'éphémère.**

Utile...

le/la plus   les plus

le mieux   le/la moins

➤ Entraîne-toi pp. 96 à 99

Faire une demande polie
Tu pourrais me prêter ton
encyclopédie ?

Exprimer un désir, un souhait
Où est-ce que vous aimeriez aller ?

Exprimer un fait imaginaire
Je ferais de la plongée.

Faire une suggestion, donner un conseil
On pourrait aller à la télé avec
des pancartes !
On devrait tous aller se coucher.

Exprimer ses émotions
Je suis angoissé(e)
Je suis terrorisé(e)
Ça m'énerve ; je suis énervé(e)
C'est inquiétant ; je suis inquiet/inquiète
Je suis dégoûté(e)...

Éviter une répétition avec les COI *en* et *y*
J'en parle. Je n'en ai plus besoin.
J'y ai réfléchi. Je vais y participer.

Comparer (avec des superlatifs)
Dans quelle province du Canada
se trouvent le plus de Francophones ?
L'écrivain le plus traduit, c'est Jules Verne.
L'animal qui vit le moins longtemps,
c'est l'éphémère.
L'endroit où il pleut le moins,
c'est le désert d'Atacama.

Féliciter
Bravo !

Approuver
Effectivement.
C'est bien Jules Verne !

Mettre en garde
Attention !

Exprimer sa déception
Dommage ! Hélas !

Exprimer un espoir
J'espère !

Atelier

Le conditionnel

1  Écoute et dis si tu entends l'imparfait,
le futur ou le conditionnel.

2 Mets les verbes au conditionnel.

« On ... (pouvoir) jouer au loto ? Il y a dix millions d'euros
à gagner.

– Oui, mais qu'est-ce que tu ... (faire) avec cet argent ?

– Oh, moi, j'... (inviter) d'abord mes parents à faire un
voyage et on ... (aller) aux Antilles. Après, je ... (créer) mes
propres entreprises. J'en ... (avoir) des dizaines et elles ...
(être) très connues dans le monde entier. Et je...

– Et tu ... (devoir) finir tes exercices de maths, pour être
bonne en calcul et gérer tout ton argent ! »

> **Rappelle-toi !**
> **La formation du conditionnel**
> radical du verbe au futur +
> terminaisons de l'imparfait
> *Faire : je **fer**ai (futur) + -**ais***
> ► *je **fer**ais (conditionnel)*

3 Lis les phrases suivantes et dis s'il s'agit :

a. d'un fait imaginaire
b. d'une demande polie
c. d'un désir, d'un souhait
d. d'un conseil, d'une suggestion

1. Vous pourriez m'aider, s'il vous plaît ?
2. Tu devrais lire ce livre, il est excellent !
3. Elle aimerait partir avec nous.
4. Avec de l'argent ? Je ferais un voyage
d'un an autour du monde.
5. On pourrait faire une fête pour notre départ ?
6. Sur une île déserte ? J'emporterais mon téléphone
portable pour me sentir moins seul !
7. Tu pourrais me prêter ton stylo ?
8. Il aimerait gagner au loto pour pouvoir s'acheter un
bateau.

langue

4 a On leur propose de réaliser leur rêve. Que feraient-ils ? Fais une phrase au conditionnel.

Ex. 1. Il ferait le tour du monde en avion.

1.

2.

3.

4.

5.

4 b Et toi ? Quel est ton rêve ? Que ferais-tu ?

5 Pour chaque phrase, donne un conseil avec un verbe au conditionnel.

Ex. Nous avons mal dormi la nuit dernière et nous sommes très fatigués.

➤ *Vous **devriez faire** une sieste.*

a. Emma est terrorisée à l'idée de passer à la télé.
➤ ...

b. Si on gagne le concours, qu'est-ce qu'on fera pour fêter le départ ?
➤ ...

c. Je ne sais pas quoi mettre dans ma valise !
➤ ...

Les pronoms COI *en* et *y*

6 Complète le tableau.

à ou *de* ?	en ou *y* ?
avoir besoin **de** quelque chose	J'**en** ai besoin.
rêver ... quelque chose	J'... rêve.
se souvenir ... quelque chose	Je m'... souviens.
réfléchir ... quelque chose	J'... réfléchis.
s'occuper ... quelque chose	Je m'... occupe.
se servir ... quelque chose	Je m'... sers.

7 Réponds aux questions.

a. Emma, tu te souviens de la première question du concours ? ➤ Non, je ne...

b. Tu as pensé à ce que tu allais mettre dans ta valise ? ➤ Oui, j'...

c. Tu t'es occupée de ta demande de passeport ? ➤ Oui, je m'...

d. Tu n'as pas besoin de tout ça pour le voyage ! ➤ Si, j'...

Rappelle-toi !

Attention à l'ordre des mots :
Je *vais* **y** penser.
Je **n'en** ai *pas* besoin.
Je m'**en** *suis occupé*.

8 Complète le mél que Cédric envoie à Julie avec les pronoms *en* et *y*.

De : cédric@nooos.fr
Objet : Bravo !
À : julie@free.fr

Salut Julie !
Je t'ai vue à la télé hier : toutes mes félicitations pour le jeu-concours ! Quelle chance de partir un an en bateau ! Moi, j'... rêve : en ce moment, j'essaie de gagner un peu d'argent et d'... économiser suffisamment pour m'acheter un kitesurf. J'... pense depuis l'été dernier, quand j'ai découvert ce sport sur les plages de Biarritz. J'... faisais tous les jours : il y a un magasin spécialisé près de chez moi où ils ... vendent de très beaux. J'... vais presque tous les week-ends. Et qui sait, le jour où j'aurai enfin le mien, je pourrai peut-être vous rejoindre en Polynésie !?
Allez, bises et très bon voyage !
Cédric

La place de l'adjectif

9 a Où se placent ces adjectifs : avant ou après le nom ?

autre – dernière – verte – française – belle – meilleure – fantastique – grande

Ex. L'autre équipe. ➤ avant le nom

9 b Mets ces adjectifs à la place qui convient.

Ex. (blanc/beau) C'est un beau bateau blanc.

1. (dernière/éliminatoire) C'est la ... étape ... .

2. (paradisiaque/grande) C'est une ... plage ... .

3. (meilleure/inscrite) C'est la ... équipe ... .

4. (télévisé/premier) C'est notre ... concours ... .

10 Mets les mots dans l'ordre pour faire une phrase.

a. télévisé – Ce – est – exceptionnelle – une – jeu – expérience

b. montagneuses – nombreuses – comprend – Polynésie – de – îles – La

c. équipe – L'– est – de – bons – constituée – de – amis – passionnés – voyages

d. Nous – sur – désertes – des – nous – petites – plages – baignerons

11 Écris une phrase pour chaque dessin à l'aide des adjectifs suivants (attention à l'accord et à la place de l'adjectif).
bruyant – pauvre – premier – grand –ancien – vieux – beau

Ex. a. C'est une grande avenue bruyante.

angue

Le superlatif

12 Dis quelles phrases sont correctes.

    a. C'est le pays le plus montagneux du monde.

    b. C'est le plus montagneux pays du monde.

    c. C'est le pays le plus grand du monde.

    d. C'est le plus grand pays du monde.

13 Réponds en utilisant un superlatif.

    Ex. – La dernière question du jeu était difficile.
    – Oui, je pense que c'était la question la plus difficile.

    a. – Jules Verne est un écrivain français célèbre à l'étranger. ➤ …

    b. – Lucas n'était pas très angoissé sur le plateau de télévision. ➤ …

    c. – Les photos que Julie prendra seront bonnes. ➤ …

    d. – Tahiti est une île très touristique en Polynésie. ➤…

    e. – La baleine bleue est un gros mammifère marin. ➤…

14 Adjectifs et superlatif.

    Complète ces records avec un mot de ton choix. Attention à la place de l'adjectif !

    Ex. Everest : altitude = 8 844,43 m
    ➤ L'Everest, c'est la montagne la plus élevée du monde/c'est la plus haute montagne du monde.

    a. Russie : superficie = 17 075 200 km².

    b. TGV : vitesse maximale = 550 km/h.

    c. Paris : touristes = 20 millions par an.

    d. Rafflesia (fleur) : diamètre = 1 m ; poids = 7 kg.

> La place du superlatif dépend de l'adjectif.
>
> Il est toujours correct de placer **le plus + adj.** ou **le moins + adj.** <u>après</u> le nom.
>
> *C'est **le pays** le moins **peuplé** du monde.*
>
> Mais attention : le superlatif de certains adjectifs (qui se placent normalement <u>avant</u> le nom) peut se placer aussi <u>avant</u> ou <u>après</u> le nom.
>
> *C'est **le plus** petit **pays** du monde.*
>
> *C'est **le pays** <u>le plus</u> **petit** du monde.*

15 Lis les fiches des deux candidats et fais des phrases avec un superlatif.

    Ex. C'est Albert le plus âgé.

Candidat A	Lucie
Âge	14 ans
Taille :	1,62 m
Nombre de mauvaises réponses :	7
Score total :	37 points

Candidat B	Albert
Âge	15 ans
Taille :	1,59 m
Nombre de mauvaises réponses :	5
Score total :	53 points

Phonétique

1 a <u>Que</u> dirais-tu dans ces situations ? Complète les bulles, puis prononce les phrases suivantes avec l'intonation correcte et en insistant sur les syllabes soulignées.

Ça m'é<u>nerve</u> ! – Félici<u>ta</u>tions ! – Do<u>mmage</u> ! – At<u>ten</u>tion !

1 b Écoute pour vérifier !

2 Par deux. Composez un mini-dialogue avec au moins une des expressions ci-dessus. Attention à l'intonation !

Jouons avec les mots !

Doc. A

Espérer
Souhaiter
Patienter
Oser
Imaginer
Rêver

Marrant
Agréable
Rieur
Talentueux
Intelligent
Nerveux

Doc. B

MON PREMIER est la 2ᵉ note de musique.

MON DEUXIÈME est la 1ʳᵉ lettre de l'alphabet.

On dort dans MON TROISIÈME.

MON QUATRIÈME est une boisson chaude, appréciée des Anglais.

MON TOUT est le contraire de « Rêve » !

Doc. C

Guillaume Apollinaire, fragment de *Poème du 9 février 1915*
in Poèmes à Lou, © Éditions Gallimard.

Doc. D

(...) Il y a des mots qui font vivre
Et ce sont des mots innocents
Le mot chaleur le mot confiance
Amour justice et le mot liberté
Le mot enfant et le mot gentillesse
Et certains noms de fleurs et
certains noms de fruits
Le mot courage et le mot découvrir
Et le mot frère et le mot camarade
Et certains noms de pays de villages
Et certains noms de femmes et d'amis.
(...)

Paul Éluard, *Gabriel Péri*
in Au Rendez-vous allemand,
1945, © Éditions de Minuit.

Doc. E

G 🐄 🎵 🌳 LE ☀ 🔍 🎵 🗝 🎵 LE C'EST À MOI 2

Avant de lire les textes

1 Grâce aux définitions suivantes, retrouve le nom de chaque document.

a. Une <u>charade</u> consiste à faire deviner un mot (Mon tout) que l'on décompose phonétiquement en plusieurs mots définis l'un après l'autre (Mon premier, Mon deuxième...).

b. Un <u>acrostiche</u> est un poème dont les initiales de chaque vers, lues à la verticale, forment un mot.

c. Un <u>poème</u> est un texte de poésie, qui peut être écrit en vers ou en prose.

d. Un <u>calligramme</u> est un poème écrit sous forme de dessin.

e. Un <u>rébus</u> est une phrase ou un mot énigme, découpé(e) phonétiquement et représenté(e) par des dessins, des chiffres, des mots, des lettres...

Maintenant, lis les textes

2 Document A. Quels sont les mots formés par ces acrostiches ?

3 Document B. Trouve les réponses à la charade.

4 Document C. Lis le calligramme de Guillaume Apollinaire et complète le texte.

Reconnais-toi

Cette ... personne c'est toi

Sous le grand chapeau canotier

Œil

Nez

La ...

Voici l'ovale de ta figure

Ton cou exquis

Voici enfin l'imparfaite image de ton buste adoré

vu comme à travers un ...

Un peu plus bas c'est ton ... qui bat

Guillaume Apollinaire

5 a Document D. Lis le poème.
Que sont « les mots qui font vivre » pour Paul Éluard ?

1. Des mots qui sont faciles à prononcer.

2. Des mots qui donnent un sens à notre vie.

3. Des mots qui ne sont pas courants dans notre vocabulaire.

5 b Lis deux fois le poème de Paul Éluard, puis cache-le.

Quels mots sont cités dans le poème ?

1. *Soleil* ou *chaleur* ?

2. *Conscience* ou *confiance* ?

3. *Amour* ou *amitié* ?

4. *Enfance* ou *enfant* ?

5. *Découvrir* ou *trouver* ?

6. *Villes* ou *villages* ?

6 Document E. Déchiffre le rébus à l'aide des éléments suivants.

hêtre – Meuh ! – ré – soleil – j'ai – le – pou – mon – clés – deux

Atelier d'écriture

7 Choisis deux activités.

Acrostiches

a. Écris un acrostiche avec ton prénom et décris ton caractère.

b. Avec la classe, choisissez un mot (le même pour toute la classe, par exemple « Liberté », « Amour »...). Par groupes de deux, faites un acrostiche de ce mot. Comparez avec la classe.

Poèmes

À la manière de Paul Éluard, écris un nouveau poème en conservant seulement les mots en bleu.

Il y a des mots qui font vivre

Et ce sont des mots innocents

*Le mot **bonheur** le mot **amour***

...

Rébus

Crée un rébus pour « Rêve ou réalité » puis compare avec la classe.
Ex. ré / vous / ré / A-à / lit / thé

Charades

Écris la charade suivante et compare avec la classe.

Mon 1er : A/as – Mon 2e : Vent – Mon 3e : Tu

Mon 4e : Re- – Mon tout : Aventure

Calligramme

Fais un calligramme sur le thème de la liberté, la paix ou l'amour... Puis compare avec la classe.

la Polynésie

Un peu d'histoire...

1767 : le navigateur anglais Samuel Wallis est le premier Européen à débarquer à Tahiti.

1768 : Le Français Louis Antoine de Bougainville, qui ignore le passage de Wallis, pense être le premier à découvrir Tahiti et revendique cette île au nom de la France.

1769 : l'Anglais James Cook ramène de précieuses informations sur la faune, la flore, la vie et les coutumes polynésiennes.

Entre **1827** et **1877**, la reine Pomaré IV règne sur Tahiti et sur d'autres îles. Mais en 1880, la France s'empare de Tahiti et, en 1898, toute la Polynésie devient française.

Situation géographique

À 17 000 kilomètres de la France, la Polynésie est un ensemble de cinq archipels, comprenant 118 îles, qui s'étendent sur une partie de l'océan Pacifique.

Il y a deux sortes d'îles en Polynésie : des **atolls**, qui sont des volcans très anciens, et des **îles montagneuses**, qui sont des volcans récents.

Observe les documents

1 À l'aide de la carte page 39 :
   a. Localise la Polynésie.
   b. Localise la Polynésie française.

2 Observe les documents. Dans quelle partie vas-tu trouver les informations suivantes ?
   a. *Le statut de la Polynésie française.*
      ➤ *Situation politique et administrative*
   b. Les langues parlées, les coutumes... ➤ ...
   c. Sa localisation. ➤ ...
   d. Ses richesses, ses ressources... ➤ ...
   e. Les étapes de la découverte, les dates, les noms des explorateurs. ➤ ...

Lis les textes

3 a Retrouve dans les textes les mots correspondant à ces définitions :
   1. Île où ont débarqué les premiers navigateurs.
   2. Prénom du premier Français à débarquer à Tahiti.

française

Situation politique et administrative

La Polynésie française est une **collectivité d'outre-mer** ; cela signifie que ses habitants sont des citoyens français, avec les mêmes droits et devoirs que les Français de métropole. Mais la collectivité d'outre-mer est libre d'établir ses propres règles.

Culture

La langue : le tahitien.
Les Polynésiens ont une langue à eux, très différente du français : le tahitien.
Lexique tahitien :

Iaorana = Bonjour   *Maururu* = Merci
Vahine = Madame, femme   *Tane* = Monsieur, homme
E = Oui – *Aita* = Non

À l'école, l'enseignement se fait en français, mais les élèves ont aussi quelques cours en langue tahitienne. Les mercredis après-midi, comme en métropole, les enfants n'ont pas école : ils en profitent pour faire de la plongée, du surf ou pour suivre des cours de danse traditionnelle.

Économie

Les atouts économiques de la Polynésie sont le tourisme, la pêche, la production de perles, l'exploitation de la noix de coco et de la vanille.

Les poissons : les récifs de coraux qui entourent presque toutes les îles de Polynésie sont peuplés d'une multitude de poissons multicolores, mais aussi de requins !

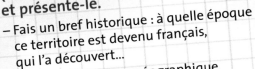

Les perles du Pacifique : la plus connue est la perle noire. On l'obtient en manipulant les huîtres selon une technique particulière.

On fabrique une huile précieuse à partir **des noix de coco** : le coprah. On l'utilise pour faire le fameux monoï de Tahiti, connu pour favoriser le bronzage.

3. Un type de collectivités : les collectivités d'…

4. Il y en a 118 en Polynésie.

5. « Femme » en tahitien.

6. Poisson dangereux qu'on trouve dans les massifs de coraux.

7. Mollusque qui produit les perles noires.

3 b Crée des devinettes sur le modèle de l'exercice 3a et propose-les à la classe.

4 Et dans ton pays, existe-t-il une « destination de rêve », une région qui te fait rêver ? Laquelle ? Pourquoi ?

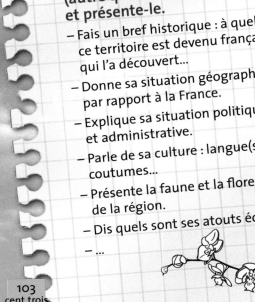

Projet

5 Choisis un territoire français (autre que la métropole) et présente-le.

– Fais un bref historique : à quelle époque ce territoire est devenu français, qui l'a découvert…

– Donne sa situation géographique par rapport à la France.

– Explique sa situation politique et administrative.

– Parle de sa culture : langue(s) parlée(s), coutumes…

– Présente la faune et la flore typiques de la région.

– Dis quels sont ses atouts économiques.

– …

L'apprenti sorcier

Chapitre 6

Le sorcier abusé

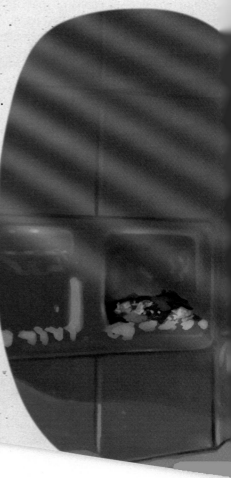

Le lendemain matin, j'étais déjà dans la cuisine quand Lucie, Marion et Sébastien sont entrés.

– Déjà debout, Harry ? a dit Marion d'un air étonné.

Lucie m'a dévisagé et m'a demandé :

– Tu as bien dormi ?

– Oui, pourquoi ?

– Tu as l'air encore fatigué.

Elle s'est assise en face de moi. Puis elle a bu une gorgée de jus d'orange avant d'ajouter :

– Tu as vu Ludovic, ce matin ?

Pourquoi me posait-elle cette question ?

J'ai répondu « non ».

– Moi non plus, a-t-elle dit.

– Nous non plus, ont ajouté Marion et Sébastien.

Mon cœur s'est arrêté net. Tous mes copains me dévisageaient.

1 Choisis la bonne réponse.

a. Lucie boit…

1. du thé.

2. un jus de fruits.

b. Harry arrive dans la cuisine…

1. avant Ludovic.

2. après Ludovic.

c. Harry a l'air…

1. détendu et bien reposé.

2. fatigué par sa nuit.

d. Harry comprend…

1. qu'il a fait disparaître son ami.

2. que Sébastien s'était caché dans le salon.

2 À ton avis…

a. « Mon cœur s'est arrêté net » signifie que…

1. Harry a arrêté de respirer.

2. Harry a eu très mal au cœur.

b. « Mes copains me dévisageaient » signifie que…

1. ses copains l'observaient avec insistance.

2. ses copains ont tous regardé dans une autre direction.

c. Lucie, Marion et Sébastien étaient « intrigués », signifie qu'…

1. ils avaient peur.

2. ils ne comprenaient pas ce qu'il se passait.

– Ça ne va pas ? a demandé Sébastien.

J'ai alors réalisé mon geste de la nuit. Cette ombre, cette silhouette dans le salon était celle de Ludovic. J'avais fait disparaître mon meilleur ami. Horrifié, j'allais tout leur expliquer quand…

– Il a voulu me faire disparaître.

Je me suis retourné. Ludovic se tenait debout, à l'entrée de la cuisine, en souriant.

– Comment ça : disparaître ? a demandé Marion.

– Comme ça ! a répondu Ludovic en claquant des doigts. D'un coup de baguette magique !

Puis il m'a regardé.

– Alors, l'apprenti sorcier, on veut se débarrasser d'un bon copain ? Comme si j'étais une simple pendule ?

Comment savait-il pour la pendule ?

Lucie, Marion et Sébastien m'ont regardé, intrigués.

– De quoi parlez-vous tous les deux ? a demandé Marion.

– La nuit, Harry joue au sorcier, s'est moqué Ludovic.

En voyant ma mine attristée, il leur a expliqué toute l'histoire. Ludovic m'avait surpris le premier soir dans le salon. Je m'étais levé dans mon sommeil. Il m'avait entendu prononcer la formule. Et pour me faire croire que j'étais un sorcier, il avait lui-même caché la pendule. La nuit suivante, il l'avait replacée sur la cheminée, comme je l'avais ordonné. Il s'était également chargé de dresser la table du petit déjeuner.

– C'est comme ça que vous occupez vos nuits ?! se sont moqués Lucie, Marion et Sébastien.

Ludovic m'a alors adressé un clin d'œil malicieux.

– C'est comme ça que l'on fait de la sorcellerie. Pas vrai, Harry ?

J'ai répondu « oui » en promettant d'oublier toutes ces histoires de sorcellerie.

3 Ludovic donne la clef du mystère. Choisis le bon résumé.

a. « Harry est descendu dans le salon la première nuit, et je l'ai suivi. Nous voulions vous faire peur. Nous avons caché la pendule, et nous vous avons fait croire qu'elle avait disparu... Ensuite nous l'avons remise en place. »

b. « J'ai vu Harry le premier soir se lever dans son sommeil : un véritable somnambule ! Il rêvait qu'il faisait disparaître la pendule. J'ai voulu lui faire une blague. J'ai caché la pendule, puis je l'ai remise en place. J'ai également mis la table du petit déjeuner... »

4 As-tu bien tout compris ? Réponds par vrai ou faux et justifie tes réponses.

a. Les amis de Harry lui ont fait une blague pour son anniversaire.

b. Harry parle et marche dans son sommeil.

c. Ludovic a suivi Harry toutes les nuits.

d. Sébastien a fait disparaître la pendule.

e. Harry a vraiment cru qu'il possédait des pouvoirs de sorcier.

f. Harry gardera un excellent souvenir de ces quelques jours avec ses amis.

DELF A2

Fais le point 6

Compréhension orale

1 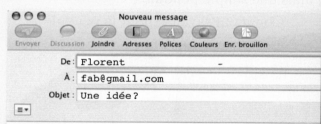 Écoute ces personnes parler de leurs rêves. Qui aimerait...

a. être riche ? ➤ n°...

b. voyager ? ➤ n°... / n°...

c. être célèbre ? ➤ n°...

d. aller en Afrique ? ➤ n°... / n°...

e. ne rien faire ? ➤ n°...

f. être scientifique ? ➤ n°...

g. aider des gens ? ➤ n°... / n°...

Expression orale

2 Choisis un des deux sujets.

a. Tu gagnes une grosse somme d'argent au loto : quels rêves pourrais-tu réaliser ? Que ferais-tu ?

b. Quelle ville ou quel pays aimerais-tu visiter ? Dis pourquoi. Utilise des superlatifs.

Compréhension écrite

3 Lis le document et réponds aux questions.

> **Sujet : « Vous avez vu l'émission jeu-concours Francovision ? Vous avez aimé ? »**
>
> **Saint-Tax** – Moi, j'ai regardé l'émission du début jusqu'à la fin. Géniale ! Quel stress ! Bravo à l'équipe rouge, ils étaient super forts et ils méritent bien de partir un an à l'aventure !
>
> **LNAKC19** – Super émission mais je suis un peu triste : j'étais pour l'équipe de Florent mais c'est l'autre équipe qui a gagné ! Vraiment dommage !
>
> **Kesako** – Un grand bravo à l'équipe d'Emma. Ils ne pourraient pas m'emmener dans leurs valises avec eux ? Bon voyage et attention aux requins !
>
> **Padpanick** – Émission canon ! J'aimerais trop être à la place de l'équipe rouge ! Profitez bien de votre voyage et envoyez-nous de beaux reportages !

Oh, on parle de l'émission !

a. De quel type de document s'agit-il ?
➤ Un chat. ➤ Un mél. ➤ Un forum.

b. Réponds aux questions et signale la phrase qui le montre dans le texte.

Qui...	Pseudo
1. *exprime sa déception ?*	....
2. *félicite ?*	.... / ....
3. *met en garde ?*	....
4. *exprime un désir, un souhait ?*	.... / ....
5. *donne un conseil ?*	....

Expression écrite

4 Réponds au mél de Florent et donne-lui ton opinion. (N'oublie pas de le féliciter et de lui donner de bons conseils !)

```
●○○              Nouveau message
  ⟶      ○       @        ▯       A       ◉      ▦
Envoyer  Discussion  Joindre  Adresses  Polices  Couleurs  Enr. brouillon

   De : Florent                    —
    À : fab@gmail.com
 Objet : Une idée?
≡▾
```

> Salut !
> On a malheureusement perdu la finale, mais comme nous avons été finalistes, les organisateurs du concours Francovision nous offrent un voyage de quinze jours, dans le lieu de notre choix. Tu as une idée de l'endroit où on pourrait aller ?
> À +
> Florent.

Eh bien voilà, notre concours est terminé ! Nous vous attendons, l'année prochaine, pour vivre de nouvelles aventures sur le bateau-école et parcourir la Francophonie avec Emma, Julie, Étienne, Maxime et Lucas ! Bonnes vacances !

Les actes de
PAROLE

Poser des questions, demander des informations

- À qui tu penses ?
- On gagne quoi ?
- Qu'est-ce qu'il faut faire ?
- Quelle est la date limite ?
- Vous êtes combien ?
- Vous vous retrouvez où et quand ? Pourquoi ?
- Où est-ce que tu es né(e) ?
- Vous êtes né(e) en quelle année ?
- À quoi avez-vous consacré votre temps ces dernières années ?
- Vous défendez quelle(s) cause(s) ?

Décrire la personnalité

- Il/Elle a l'air timide.
- C'est un(e) vrai(e) battant(e).
- Il/Elle est travailleur/euse, généreux/euse, populaire, engagé(e)...

Faire des suggestions, conseiller, donner son avis

- Vous devrez être prudents.
- Faites attention !
- On devrait commencer.
- On pourrait attendre un peu.
- À mon avis, cette photo est mieux.

Exprimer une demande polie

- Tu pourrais me prêter ton encyclopédie ?

Parler de soi, de ses goûts

- J'adore l'escrime.
- Je suis fou d'informatique.
- Je suis fan de musique ethnique.
- Mes deux passions sont le sport et les jeux vidéo.
- J'aime beaucoup la mode.
- J'aime bien le dessin.
- J'aime le foot.
- Je préfère le basket.
- Je n'aime pas du tout la plongée sous-marine.
- Je déteste les jeux de guerre.
- J'ai horreur des injustices.
- Plus tard, je veux être styliste.

Faire une proposition

- J'ai une proposition à te faire.
- Ça te dit de nous accompagner ?
- Tu es partant(e) pour faire partie de l'équipe ?

Demander une opinion

- On devrait commencer, non ?
- Elle n'est pas mal cette photo, non ?
- Qu'est-ce que vous en pensez ?
- Ça vous plaît ou pas ?

Rejeter une proposition

- Bof !
- Ce n'est pas une bonne idée.
- C'est nul !

Accepter une proposition

- Étienne a raison.
- Ça, c'est une bonne idée !
- Je suis d'accord.
- Ça me semble très bien !

Les actes de PAROLE

Féliciter

- Bravo ! / Félicitations !

Exprimer une condition, une hypothèse

- Si vous gagnez le concours, où est-ce que vous partirez en voyage ?

Exprimer un fait imaginaire

- Je ferais de la plongée.
- Julie prendrait des photos.
- J'aiderais les habitants.

Exprimer un fait futur

- Tu pourras m'appeler quand tu connaîtras les dates du concours ?

Poser des questions sur des faits passés

- Qu'est-ce qui est arrivé ? / Qu'est-ce qui s'est passé ?
- C'est arrivé quand ?
- Ça s'est passé où ?
- Pourquoi tu te trouvais là ?
- Qu'est-ce que tu as fait ?
- Il y a eu combien de blessés ?

Parler des faits marquants d'une vie

- Il/Elle est né(e) le 5 juillet / en 1966.
- Il/Elle a fait ses débuts à l'âge de sept ans.
- À l'âge de neuf ans, il/elle chantait dans une chorale.
- Il/Elle a été mannequin.
- Il/Elle est devenu(e) très connue.
- Il/Elle a consacré sa vie à la mode.
- Il/Elle s'est engagé(e) dans plusieurs combats.
- Il/Elle s'est investi(e) dans la lutte pour la protection de l'environnement.
- Il/Elle s'est battu(e) contre les injustices / pour l'égalité des droits.

Exprimer la date

- Actuellement
- Aujourd'hui
- Maintenant
- De nos jours
- À l'heure actuelle
- Hier
- En octobre
- Le 31 octobre
- Il y a une dizaine d'années
- Il y a quarante ans
- Dans les années soixante, soixante-dix
- Quand j'étais jeune
- Avant
- Au début du XXe siècle
- En 1900
- Au Moyen Âge
- Pendant la préhistoire

Exprimer la durée

- Depuis six ou sept ans
- Depuis une dizaine d'années
- Depuis 2002

Exprimer sa déception

- Dommage !
- Hélas !
- Malheureusement, on a perdu !

Exprimer son étonnement, son incrédulité

- C'est vrai ? / Ce n'est pas vrai ?!
- Qu'est-ce que tu as dit ?
- Ça m'étonnerait !

Exprimer son enthousiasme, son intérêt

- C'est top / génial / cool !
- Géniale, cette idée !
- Super ! / Le rêve ! / Chapeau !
- Pas mal ! / Pourquoi pas !
- D'accord, je suis partant(e) !
- C'est vrai ?

Exprimer ses émotions

- Je suis angoissé(e) / terrorisé(e) / énervé(e) / inquiet/inquiète / dégoûté(e) !
- Ça m'énerve !
- C'est inquiétant !

Exprimer son manque d'intérêt, son indifférence

- Oui… si vous voulez !
- Ça m'est égal !

Mettre en garde

- Attention !

Exprimer un espoir

- J'espère.

Poser des questions sur des objets, les décrire et les caractériser

- *C'est en quelle matière ?* C'est en verre, en métal, en bois, en tissu, celui-ci est en plastique…
- *C'est de quelle taille ?* C'est de taille moyenne, c'est grand, c'est plutôt petit…
- *Ça a quelle forme ?* Ça a la forme d'un cube, c'est allongé, ça a une forme plus ou moins rectangulaire…
- *C'est de quelle couleur ?* C'est bleu, jaune, le mien est noir et blanc…
- *Ça sert à quoi ?* Ça sert à écrire, à ranger ses affaires, à se protéger de la pluie…

Localiser un lieu

- Le parc se trouve/est situé…
  – à Élancourt, en Auvergne… ;
  – dans la région parisienne, dans le sud…
- Ça se trouve/C'est situé (tout) près de Paris, (pas très) loin de Lyon, à côté de Strasbourg, dans les environs de Marseille, à dix kilomètres de Poitiers…

Présenter un lieu et le décrire

- C'est un lieu fantastique, inoubliable, magique, magnifique, paradisiaque, unique, pas intéressant, horrible…
- C'est un endroit où l'on trouve des monuments célèbres, anciens, modernes, superbes…

Exprimer la comparaison

- Les professeurs étaient moins/plus/ aussi sévères que maintenant.
- Les élèves travaillaient moins/plus/ autant qu'aujourd'hui.
- On sortait moins/plus/aussi souvent qu'à l'heure actuelle.
- Les jeunes passaient moins de/plus de/autant de temps devant la télé que de nos jours.
- On avait de meilleures relations avec nos voisins.

- Les gens mangeaient mieux.
- Les jeunes étaient mieux éduqués.
- La province du Canada où se trouvent le plus de Francophones, c'est le Québec.
- L'écrivain le plus traduit, c'est Jules Verne.
- L'animal qui vit le moins longtemps, c'est l'éphémère.
- L'endroit où il pleut le moins, c'est le désert d'Atacama.

PRÉCIS grammatical

Le groupe nominal

1 Les possessifs : adjectifs et pronoms

Singulier		
	Masculin	**Féminin**
Je Tu Il/Elle	mon livre = **le mien** ton livre = **le tien** son livre = **le sien**	ma classe = **la mienne** ta classe = **la tienne** sa classe = **la sienne**
Nous/On Vous Ils/Elles	notre livre = **le nôtre** votre livre = **le vôtre** leur livre = **le leur**	notre classe = **la nôtre** votre classe = **la vôtre** leur classe = **la leur**
N'oublie pas ! **ma, ta, sa** + **voyelle** ou **h** muet = **mon, ton, son**		

Pluriel		
	Masculin	**Féminin**
Je Tu Il/Elle	mes livres = **les miens** tes livres = **les tiens** ses livres = **les siens**	mes classes = **les miennes** tes classes = **les tiennes** ses classes = **les siennes**
Nous/On Vous Ils/Elles	nos livres/classes = **les nôtres** vos livres/classes = **les vôtres** leurs livres/classes = **les leurs**	

2 Les démonstratifs : adjectifs et pronoms

Singulier		Pluriel	
Masculin	**Féminin**	**Masculin**	**Féminin**
ce concours = **celui-ci**	cette étape = **celle-ci**	ces concours = **ceux-ci**	ces étapes = **celles-ci**
N'oublie pas ! **ce** + **voyelle** ou **h** muet = **cet**			

3 La place de l'adjectif qualificatif

- La majorité des adjectifs se placent après le nom.
  Ex. *une réponse* ***correcte***
- Certains adjectifs courts (*beau, joli, bon, jeune, vieux, petit, grand, mauvais, nouveau, dernier...*) se placent avant le nom.
  Ex. *notre* ***grand*** *jeu*

- Les adjectifs d'appréciation peuvent se placer avant ou après le nom.
  Ex. *un* ***magnifique*** *bateau / un bateau* ***magnifique***
- Les adjectifs de nationalité, de religion, de forme et de couleur sont toujours placés après le nom.
  Ex. *une équipe* ***française*** */ un pays* ***catholique*** */ une voiture* ***bleue***

4 Les pronoms

Les pronoms COD

	Singulier		Pluriel
	Masculin	**Féminin**	**Masculin/Féminin**
	Ce livre, tu <u>le</u> veux ? Je **l'**ai déjà lu.	Et ta valise ? Tu ne **la** trouves pas ? Tu **l'**as perdue ?	Ce sont <u>les</u> membres de l'équipe. Tu **les** connais ?
Complément introduit par un article indéfini (*)	<u>Un</u> indice ? Oui, j'**en** ai <u>un</u>.	<u>Une</u> piste ? Oui, j'**en** ai <u>une</u>.	<u>Des</u> pistes et des indices ? Oui, j'**en** ai.
Complément introduit par un article partitif	<u>Du</u> temps ? Oui, il **en** a.	<u>De la</u> chance ? Oui, il **en** a.	
Avec une expression de quantité	Il a <u>beaucoup</u> de temps. = Il **en** a <u>beaucoup</u>. On a gagné <u>deux</u> concours. On **en** a gagné <u>deux</u>.		

- (*) Avec la négation, on ne reprend pas l'article indéfini.
  Ex. *Un indice ? J'***en*** ai un. / Non je n'***en*** ai pas.*

La place du pronom COD

- **Au présent :**
  Tu ***les*** *achètes ? / Tu ne* ***les*** *achètes pas ?*
  Elle ***en*** *achète* <u>un</u>*. / Elle n'***en*** *achète pas* <u>beaucoup</u>*.*
- **Au passé composé :**
  Tu ***les*** *as achet<u>é(e)s</u> ? / Tu ne* ***les*** *as pas achet<u>é(e)s</u> ?*
  Tu ***en*** *as acheté ? / Tu n'***en*** *as pas acheté ?*
- **Avec un verbe + infinitif :**
  Je veux ***les*** *acheter. / Je ne veux pas* ***les*** *acheter.*
  Tu veux ***en*** *acheter ? / Tu ne veux pas* ***en*** *acheter ?*

- **À l'impératif :**
  Achetons-la ! / Ne l'achetons pas !
  Achètes-en ! / N'en achète pas !

Les pronoms COI

	Singulier	Pluriel
	Masculin/ Féminin	Masculin/ Féminin
Verbe + préposition *à* (+ animé) Ex. *téléphoner à quelqu'un*	Je **lui** téléphone.	Je **leur** téléphone.
Verbe + préposition *à* (+ inanimé) Ex. *penser à quelque chose*	J'**y** pense.	
Verbe + préposition *de* (+ inanimé) Ex. *s'occuper de quelque chose*	Je m'**en** occupe.	

Attention !
– Verbe + préposition *à* (+ animé)
  Ex. *penser à quelqu'un* → *à* + tonique
  Ex. *Je pense **à lui, à elle, à eux, à elles**...*
– Verbe + préposition *de* (+ animé)
  Ex. *s'occuper de quelqu'un* → *de* + tonique
  Ex. *Je m'occupe **de lui, d'elle, d'eux, d'elles**...*

La place du pronom COI

- **Au présent :**
  *Tu **lui** parles ? / Tu ne **leur** parles pas.*
  *Elle **en** a besoin. / Elle n'**en** a pas besoin.*
  *On **y** réfléchit. / On n'**y** réfléchit pas.*

- **Au passé composé :**
  *Tu **lui** as parlé ? / Tu ne **leur** as pas parlé ?*
  *Elle **en** a eu besoin. / Elle n'**en** a pas eu besoin.*
  *Tu **y** as réfléchi ? / Tu n'**y** as pas réfléchi ?*

- **Avec un verbe + infinitif :**
  *On peut **lui** téléphoner. / On ne peut pas **leur** téléphoner.*
  *Tu veux t'**en** occuper ? / Tu ne veux pas t'**en** occuper ?*
  *Vous allez **y** penser ? / Vous n'allez pas **y** penser ?*

- **À l'impératif :**
  *Parlons-**lui** ! / Ne **leur** parlons pas !*
  *Parles-**en** ! / N'**en** parle pas !*
  *Penses-**y** ! / N'**y** pense pas !*

Les pronoms compléments de lieu

Pour remplacer un lieu : En / Y	
où l'on est	Je suis chez Emma. = J'**y** suis.
où l'on va	Je vais chez Emma. = J'**y** vais.
d'où l'on part, vient, sort...	Je sors de chez Emma. = J'**en** sors.

La place du pronom complément de lieu

- **Au passé composé :**
  *J'**y** suis allé. / Je n'**y** suis pas allé.*
  *J'**en** suis reparti hier. / Je n'**en** suis pas reparti hier.*

- **Au présent :**
  *Tu **y** vas ? / Tu n'**y** vas pas ?*
  *Tu **en** sors ? / Tu n'**en** sors pas ?*

- **Avec un verbe + infinitif :**
  *On va **y** aller. / On ne va pas **y** aller.*
  *Tu dois **en** repartir quand ? / Tu ne veux pas **en** repartir ?*

- **À l'impératif :**
  *Vas-**y** ! / N'**y** va pas !*
  *Sors-**en** ! /N'**en** sors pas !*

Les pronoms relatifs

Sujet	C'est Emma **qui** nous a parlé du concours.
Ct d'objet direct	C'est le reportage **que** vous avez fait ?
Ct circonstanciel de lieu	Ce sont les pays **où** nous allons aller.
Ct circonstanciel de temps	C'est le jour **où** Lucas a rencontré Julie.

Attention ! **que** + **voyelle** ou **h** muet → **qu'**

Le groupe verbal

1 Le passé récent / Le présent progressif / Le futur proche

- **Passé récent :** *venir de* (au présent) + infinitif :
  *Je **viens de** déjeuner.*
- **Présent progressif :** *être en train de* (au présent) + infinitif : *Je **suis en train** de déjeuner.*
- **Futur proche :** *aller* (au présent) + infinitif :
  *Je **vais** déjeuner.*

2 Le passé composé

Il exprime des actions passées accomplies, finies et situées à un moment précis.

Le passé composé avec *avoir*

Au passé composé, la plupart des verbes sont conjugués avec l'auxiliaire *avoir*.

Passé composé		
avoir au présent + participe passé		
J'	**ai**	
Tu	**as**	
Il/Elle/On	**a**	+ *regardé*
Nous	**avons**	
Vous	**avez**	
Ils/Elles	**ont**	

Le passé composé avec *être*

Au passé composé, certains verbes sont conjugués avec l'auxiliaire *être* :

- les verbes pronominaux : *se rappeler, se promener...*
- et 14 verbes intransitifs (sans COD) : *naître, mourir, aller, venir, arriver, partir, monter, descendre, entrer, sortir, rester, passer, retourner, tomber* et leurs composés (*revenir, devenir, survenir, repartir, remonter, rentrer...*)

Attention !

Parmi ces 14 verbes, certains peuvent être transitifs (+ COD) → ils se conjuguent avec l'auxiliaire *avoir*.
Ex. *Je **suis** montée en haut de la tour Eiffel.*
Ex. *J'**ai** monté <u>mes valises</u> dans ma chambre.*

Passé composé		
être au présent + participe passé		
Je	**suis**	part**i**(**e**)
Tu	**es**	part**i**(**e**)
Il	**est**	part**i**
Elle	**est**	part**ie**
On	**est**	part**i**(**e**)**s**
Nous	**sommes**	part**i**(**e**)**s**
Vous	**êtes**	part**i**(**e**)/part**i**(**e**)**s**
Ils	**sont**	part**is**
Elles	**sont**	part**ies**

- **À la forme négative**

  Sujet + ne/n' + avoir/être + pas + participe passé
  Ex. *Ils **ne** sont **pas** venus te voir ?*
  *Tu **n'**as **pas** vu Lucas ?*

- **Formation du participe passé**

  Participe passé des verbes en *-er* = **é**
  Participe passé des verbes en *-ir* = **i**
  Participe passé des verbes en *-oir/-re* = **u**
  Participes passés irréguliers =
  avoir → **eu** ; *être* → **été** ; *faire* → **fait** ; *pouvoir* → **pu** ; *devoir* → **dû/due** ; *prendre* → **pris** ; *dire* → **dit** ; *lire* → **lu** ; *venir* → **venu**.

- **Accord du participe passé**

  - Avec *être* : le participe passé s'accorde en genre et en nombre avec le sujet :
    Ex. *<u>Emma et Julie</u> sont all**ées** à un concert.*

    Attention !

    Pour les verbes pronominaux, le participe passé s'accorde avec le pronom COD (*me/m'* ; *te/t'* ; *se/s'* ; *nous* et *vous*) :
    Ex. *Emma et Julie <u>se</u> sont inscrit**es**.*
    (inscrire quelqu'un : COD)
    mais : *Emma et Julie <u>se</u> sont parl**é**.*
    (parler à quelqu'un : COI)

  - Avec *avoir* : le participe passé ne s'accorde pas avec le sujet, mais il s'accorde en genre et en nombre avec le COD, **quand le COD est placé avant le verbe** :

Ex. *Emma et Julie ont écout**é** des CD.*
*<u>Les CD qu'Emma et Julie ont écout**és**</u> sont super !</u> / <u>Les CD, Emma et Julie <u>les</u> ont écout**és** hier.*
Mais on ne fait pas l'accord avec le pronom COD *en* :
Ex. *<u>Des CD</u>, Emma <u>en</u> a écout**é** plusieurs.*

3 L'imparfait

- **Il sert à :**
  - décrire le décor, le cadre d'une action.
    Ex. *C'était un matin de janvier ; il pleuvait très fort ce jour-là.*
  - parler d'actions répétitives, habituelles.
    Ex. *Quand j'étais au collège, j'étudiais avec un livre qui s'appelait* Le Mag'.
  - parler d'une action en cours d'accomplissement dans le passé.
    Ex. *Je faisais mes exercices, quand soudain mon portable a sonné.*

- **Formation**

  On prend le radical de la 1re personne du pluriel au présent : Ex. *nous **finiss**ons*.
  On ajoute les terminaisons de l'imparfait :
  -ais, -ais, -ait, -ions, -iez, -aient.
  Finir : Je **finiss**<u>ais</u>, tu **finiss**<u>ais</u>, il/elle/on **finiss**<u>ait</u>, nous **finiss**<u>ions</u>, vous **finiss**<u>iez</u>, ils/elles **finiss**<u>aient</u>.

  Note : un seul verbe est irrégulier : le verbe *être*.
  J'**étais**, tu **étais**, il/elle/on **était**, nous **étions**, vous **étiez**, ils/elles **étaient**.

4 Le futur simple

Il exprime des actions futures.

- **Formation**

  On forme le futur simple en ajoutant à l'infinitif les terminaisons du verbe *avoir* au présent.

Futur simple		
infinitif + terminaisons du verbe *avoir* au présent		
Je	regarder-	**+ ai**
Tu	demander-	**+ as**
Il/Elle/On	finir-	**+ a**
Nous	partir-	**+ ons**
Vous	prendr-	**+ ez**
Ils/Elles	attendr-	**+ ont**

N'oublie pas ! Pour les verbes en **-re**, la base = infinitif sans *e*.

N'oublie pas ! Les verbes irréguliers changent de radical au futur simple (**être** → je **ser**ai, **avoir** → **j'aur**ai, **aller** → j'**ir**ai, etc.).

Note : Pour exprimer un fait futur avec *quand*, on emploie le futur :
Ex. *Appelle-moi quand tu auras les résultats du concours.*

5 Le conditionnel

● **Il sert à exprimer :**

- une **demande polie** :
  Ex. *Tu pourrais me prêter ton encyclopédie ?*

- un **désir**, un **souhait** :
  Ex. *J'aimerais faire le tour du monde.*

- un **fait imaginaire** :
  Ex. *Moi, je ferais de la plongée, toi tu prendrais des photos.*

- une **suggestion**, un **conseil** :
  Ex. *On devrait tous aller se coucher !*

● **Formation**
  On prend le **radical du verbe au futur** +
  les terminaisons de l'imparfait :
  Ex. *Faire : je ferai (futur) → Je ferais, Tu ferais, Il/Elle/On ferait, Nous ferions, Vous feriez, Ils/Elles feraient.*

Les mots interrogatifs

le nombre	combien
le lieu	où, à quel endroit...
la manière	comment, de quelle manière...
la date	quand, quelle est la date...
la durée	combien de temps, depuis quand...
la cause	pourquoi
les choses/ les actions	qu'est-ce que, quoi, quel, quelle, quels, quelles...
les personnes	qui, avec qui, chez qui, à qui...

La localisation

1 Localiser dans le temps

L'expression de la date

Passé	Présent
Hier La semaine dernière/Le mois dernier En octobre (dernier) Le 31 octobre (dernier) Il y a une dizaine d'années Il y a quarante ans Dans les années soixante, soixante-dix Quand j'étais jeune Avant Au début du XXe siècle En 1900 Au Moyen Âge Pendant la préhistoire	Actuellement Aujourd'hui Maintenant De nos jours À l'heure actuelle

L'expression de la durée
Depuis six ou sept ans
Depuis une dizaine d'années
Depuis 1995

Note : Avec *depuis* l'action continue encore aujourd'hui.

2 Localiser dans l'espace

Les prépositions de lieu (où on est / où on va)	
À +	Ville *(à Élancourt)* Île *(à Cuba)* Point cardinal *(à l'est de..., à l'ouest de...)*
En +	Pays féminin *(en France)* Pays commençant par une voyelle *(en Irak)* Continent *(en Europe)* Région féminine *(en Auvergne)*
Au +	Pays masculin *(au Brésil)* Point cardinal *(au nord de..., au sud...)*
Aux +	Pays pluriel *(aux États-Unis)* Archipel *(aux Maldives)*
Dans la région + **Dans le +** **Dans les environs de +**	Adjectif féminin *(dans la région parisienne)* Point cardinal *(dans le nord, dans le sud, dans l'ouest, dans l'est)* Région masculine *(dans le Poitou)* Ville *(dans les environs de Paris)*
(Tout) près de + **(Pas très) loin de +** **À côté de +** **À 10 kilomètres de +**	Ville *(tout près de Paris, pas très loin de Marseille, à côté de Lyon, à 10 km de Strasbourg...)*

N'oublie pas ! Pays féminins = pays avec *e* final.
Exceptions : *le Cambodge, le Mexique, le Mozambique, le Zimbabwe.*

L'expression de la condition, de l'hypothèse

● **condition/hypothèse** = *si* + présent ;
  résultat (au futur)
  Ex. *Si on gagne cette étape, on ira en finale.*

L'expression de la comparaison

1 Avec un comparatif

	+ un verbe	+ un nom	+ un adjectif	+ un adverbe
de supériorité	Il mange **plus que**...	Il a **plus** de chance **que**...	Il est **plus** grand **que**...	Il va **plus** vite **que**...
d'infériorité	Il mange **moins que**...	Il a **moins** de chance **que**...	Il est **moins** grand **que**...	Il va **moins** vite **que**...
d'égalité	Il mange **autant que**...	Il a **autant** de chance **que**...	Il est **aussi** grand **que**...	Il va **aussi** vite **que**...

2 Avec un superlatif

		+ un verbe + un adjectif + un adverbe	+ un nom
de supériorité	C'est Claude qui...	... mange **le plus**. ... est **le/la plus** grand(e). ... va **le plus** vite.	... a **le plus de** chance.
d'infériorité		... mange **le moins**. ... est **le/la moins** grand(e). ... va **le moins** vite.	... a **le moins de** chance.

Attention au comparatif et au superlatif des adjectifs et adverbes irréguliers :

- **bon(s)/bonne(s)** → Comparatif de supériorité : *meilleur(e)(s) que...*
  → Superlatif : *le/la/les meilleur(e)(s)*

- **mauvais(e)(s)** → Comparatif de supériorité : *plus mauvais(e)(s) que... – pire(s) que...*
  →Superlatif : *le/la/les plus mauvais(e)(s) – le/la/les pire(s)*

- **bien** → Comparatif de supériorité : *mieux que...*
  → Superlatif : *le → mieux*

La place de l'adjectif

La place du superlatif dépend de l'adjectif. Il est toujours correct de placer **le plus + adj.** ou **le moins + adj.** après le nom.
Ex. *C'est le pays le plus peuplé du monde.*

Attention !

Le superlatif de certains adjectifs (qui se placent normalement avant le nom) peut se placer aussi avant ou après le nom.
Ex. *C'est le plus petit pays du monde. / C'est le pays le plus petit du monde.*

L'expression de la manière

Les adverbes en -*ment*

Pour former un adverbe en -*ment* on prend l'adjectif féminin correspondant et on ajoute -*ment*.
Ex. *correct/correcte* → **correctement**
doux/douce → **doucement**

Attention !

- Pour les adjectifs qui se terminent par -*i* au masculin, on prend l'adjectif masculin :
  Ex. *vrai* → **vraiment**
  infini → **infiniment**

- Pour les adjectifs qui se terminent par -*ent* et par -*ant* au masculin :
  Ex. *évident* → **évidemment**
  courant → **couramment**

Les conjugaisons

		Présent	Passé composé	Imparfait	Futur simple	Conditionnel
Avoir	Je/J'	ai	ai eu	avais	aurai	aurais
	Tu	as	as eu	avais	auras	aurais
	Il/Elle/On	a	a eu	avait	aura	aurait
	Nous	avons	avons eu	avions	aurons	aurions
	Vous	avez	avez eu	aviez	aurez	auriez
	Ils/Elles	ont	ont eu	avaient	auront	auraient
Être	Je/J'	suis	ai été	étais	serai	serais
	Tu	es	as été	étais	seras	serais
	Il/Elle/On	est	a été	était	sera	serait
	Nous	sommes	avons été	étions	serons	serions
	Vous	êtes	avez été	étiez	serez	seriez
	Ils/Elles	sont	ont été	étaient	seront	seraient
Regarder	Je/J'	regarde	ai regardé	regardais	regarderai	regarderais
	Tu	regardes	as regardé	regardais	regarderas	regarderais
	Il/Elle/On	regarde	a regardé	regardait	regardera	regarderait
	Nous	regardons	avons regardé	regardions	regarderons	regarderions
	Vous	regardez	avez regardé	regardiez	regarderez	regarderiez
	Ils/Elles	regardent	ont regardé	regardaient	regarderont	regarderaient
Finir	Je/J'	finis	ai fini	finissais	finirai	finirais
	Tu	finis	as fini	finissais	finiras	finirais
	Il/Elle/On	finit	a fini	finissait	finira	finirait
	Nous	finissons	avons fini	finissions	finirons	finirions
	Vous	finissez	avez fini	finissiez	finirez	finiriez
	Ils/Elles	finissent	ont fini	finissaient	finiront	finiraient
Prendre	Je/J'	prends	ai pris	prenais	prendrai	prendrais
	Tu	prends	as pris	prenais	prendras	prendrais
	Il/Elle/On	prend	a pris	prenait	prendra	prendrait
	Nous	prenons	avons pris	prenions	prendrons	prendrions
	Vous	prenez	avez pris	preniez	prendrez	prendriez
	Ils/Elles	prennent	ont pris	prenaient	prendront	prendraient
Aller	Je/J'	vais	suis allé(e)	allais	irai	irais
	Tu	vas	es allé(e)	allais	iras	irais
	Il/Elle	va	est allé(e)	allait	ira	irait
	On	va	est allé(e)s	allait	ira	irait
	Nous	allons	sommes allé(e)s	allions	irons	irions
	Vous	allez	êtes allé(e)(s)	alliez	irez	iriez
	Ils/Elles	vont	sont allé(e)s	allaient	iront	iraient
Faire	Je/J'	fais	ai fait	faisais	ferai	ferais
	Tu	fais	as fait	faisais	feras	ferais
	Il/Elle/On	fait	a fait	faisait	fera	ferait
	Nous	faisons	avons fait	faisions	ferons	ferions
	Vous	faites	avez fait	faisiez	ferez	feriez
	Ils/Elles	font	ont fait	faisaient	feront	feraient
Pouvoir	Je/J'	peux	ai pu	pouvais	pourrai	pourrais
	Tu	peux	as pu	pouvais	pourras	pourrais
	Il/Elle/On	peut	a pu	pouvait	pourra	pourrait
	Nous	pouvons	avons pu	pouvions	pourrons	pourrions
	Vous	pouvez	avez pu	pouviez	pourrez	pourriez
	Ils/Elles	peuvent	ont pu	pouvaient	pourront	pourraient
Vouloir	Je/J'	veux	ai voulu	voulais	voudrai	voudrais
	Tu	veux	as voulu	voulais	voudras	voudrais
	Il/Elle/On	veut	a voulu	voulait	voudra	voudrait
	Nous	voulons	avons voulu	voulions	voudrons	voudrions
	Vous	voulez	avez voulu	vouliez	voudrez	voudriez
	Ils/Elles	veulent	ont voulu	voulaient	voudront	voudraient

Transcriptions

Étape 1 : En route pour l'aventure !

Atelier langue – Page 18
9 a. Maxime adore les sports d'aventure : il vient de faire de l'escalade ; il est en train de faire du saut à l'élastique et il va faire de la plongée.

b. Lucas vient d'écouter un CD de musique ethnique ; il est en train de jouer des percussions ; la semaine prochaine, il va aller à un concert.

c. Étienne va avoir un championnat d'escrime ; il est en train de se préparer ; il vient d'arriver à son club de sport.

d. La MJ vient de proposer à Emma de faire une exposition sur la mode ; Emma est en train de la préparer ; elle va présenter son exposition en décembre.

Fais le point 1 – Page 26
Compréhension orale
1 SARAH : Allô ?
OCÉANE : Sarah ! Bonjour, c'est Océane. Comment ça va ?
SARAH : Pas mal, et toi ?
OCÉANE : Bof, je ne sais pas quoi faire. Qu'est-ce que tu es en train de faire, toi ?
SARAH : Je suis en train de surfer sur Internet, et j'ai trouvé une page web hyper intéressante !
OCÉANE : Ah bon, et de quoi ça parle ?
SARAH : C'est une page web pour les ados. Ça s'appelle « NetAdos ».
OCÉANE : Quoi ? « Ados » quoi ?
SARAH : « NetAdos » ! Tu peux trouver plein d'infos sur des jeux vidéo, des paroles de chansons, les nouveaux films... C'est super, non ?
OCÉANE : Oui, et il y a une page sur le tennis ?
SARAH : C'est possible : il y a une rubrique « sports »... Mais tu peux venir à la maison si tu veux, et on regarde ensemble.
OCÉANE : Ok, j'arrive.

Étape 2 : Visite guidée

Fais le point 2 – Page 42
Compréhension orale
1 1. – Chéri, à mon avis on devrait passer les vacances à la mer cette année !
– Pourquoi pas !
2. – Allez ! On doit se dépêcher de finir le reportage.
– Mais on pourrait se revoir demain, non ?
– Non ! On devrait finir aujourd'hui !
– Bon, d'accord, tu as raison !
3. – On pourrait faire un reportage sur un musée. Qu'est-ce que tu en penses ?
– Un musée ?... Et sur le festival de bande dessinée d'Angoulême ?
– Bof, moi je préfère un musée !
– Et bien moi, je pense que ce n'est pas une bonne idée !

Étape 3 : Le passé, c'est dépassé ?

Grammaire – L'imparfait – Page 44
6 C 1. Tu connais ce garçon ?
2. Vous étiez là ?
3. Nous mangeons à la cantine.
4. Nous ne pouvions pas venir.
5. Tu as fêté Halloween cette année ?
6. Vous finissez à quelle heure ?
7. Qu'est-ce que vous faisiez ?
8. Vous voulez quelque chose ?
9. J'écoutais une chanson.
10. Je viens de téléphoner.

Atelier langue – Page 48
2 Je savais ; tu savais ; il savait ; nous savions ; vous saviez ; ils savaient.

3 a. On ne va pas en vacances à la mer.
→ On n'allait pas en vacances à la mer.

b. Nous prenons le temps de vivre.
→ Nous prenions le temps de vivre.
c. Lucas connaît bien Julie.
→ Lucas connaissait bien Julie.
d. Nous sommes cinq amis.
→ Nous étions cinq amis.
e. Vous voyagez en train ?
→ Vous voyagiez en train ?
f. On ne peut pas participer.
→ On ne pouvait pas participer.
g. Qu'est-ce que tu fais ?
→ Qu'est-ce que tu faisais ?
h. Emma veut te demander quelque chose.
→ Emma voulait te demander quelque chose.

Fais le point 3 – Page 58
Compréhension orale
1 – Pardon monsieur, c'est pour une enquête.
– On peut vous poser quelques questions ?
– Oui, bien sûr ! Et quel est le sujet de votre enquête ?
– Les changements dans la vie de votre ville, de votre quartier...
– Ah très bien ! Et bien moi, je pense qu'avant on était moins seul, on connaissait mieux les gens de notre quartier. Dans mon immeuble, par exemple, il y a des jeunes qui ne disent jamais bonjour, qui...
– Vous voulez dire que c'est un problème d'éducation des jeunes ?
– Non, non : de tout le monde en général, pas seulement des jeunes. C'est la société qui change !

Étape 4 : Tu sais qui c'est ?
Grammaire – Imparfait et passé composé – Page 62
4 a. Qu'est-ce que tu as dit ?
b. Et qu'est-ce que tu faisais dans l'hôpital ?
c. Je suis allé rendre visite à des enfants malades.
d. Vous n'avez pas pu sortir ?
e. Un jour, il y a eu un incendie.
f. Il y avait quatre enfants dans la chambre.
g. Je ne savais pas que tu étais un héros !

Civilisation – Page 71
6 c. 1. Yannick Noah est chanteur et joueur de tennis.
2. Zinedine Zidane est joueur de foot.
3. Charles Aznavour est chanteur.
4. Nicolas Hulot est aventurier et écologiste.
5. Sœur Emmanuelle est religieuse.
6. Renaud est chanteur.

Fais le point 4 – Page 74
Compréhension orale
1 FILLE : Maman, tu sais qui est cette femme qui passe à la télé ?
MÈRE : Fais voir... Oui, c'est Wangari Maathai. Elle est biologiste, comme moi !
FILLE : Et elle est française ?
MÈRE : Non, elle est née au Kenya. Tu sais, en Afrique, il y a de gros problèmes d'environnement, et elle, elle lutte pour protéger les arbres, les forêts, les...
FILLE : Je crois que j'ai entendu qu'elle a eu un prix Nobel ?
MÈRE : Oui, le Prix Nobel de la Paix, en 2004.
FILLE : Et pourquoi ? Parce qu'elle lutte pour la protection de l'environnement ?
MÈRE : Mais non, parce qu'elle défend aussi les droits de l'homme. Elle est allée plusieurs fois en prison, tu sais !
FILLE : Ah bon ! Et elle est en prison maintenant ?
MÈRE : Non ! Il y a deux ou trois ans, elle était Ministre de l'environnement au Kenya, mais maintenant je ne sais pas.

Étape 5 : Si on gagne le concours...
Grammaire – Le futur simple – Verbes irréguliers – Page 77
6 a. Si nous gagnons, dans un an, nous serons à des milliers de kilomètres d'ici.
b. Quand vous saurez si vous êtes les gagnants, dites-le moi !
c. Vous verrez peut-être la Terre Adélie si le bateau va jusqu'en Antarctique.
d. Tu pourras m'écrire quand tu auras un moment de libre ?
e. Et si ton équipe gagne, tes parents voudront te laisser partir ?
f. Quand vous reviendrez on fera une grande fête.

Mes Mots – Page 77
7 a. C'est de quelle taille ? → C'est de taille moyenne.
b. C'est en quelle matière ? → En verre.
c. Ça a quelle forme ? → Ça a la forme d'un cube.
d. C'est de quelle taille ? → C'est grand.
e. C'est en quelle matière ? → En métal.
f. Ça a quelle forme ? → C'est allongé.
g. Ça sert à quoi ? → À écrire.
h. C'est de quelle taille ? → C'est Petit.

i. C'est en quelle matière ? → En bois.
j. C'est de quelle couleur ? → Bleu.
k. Ça sert à quoi ? → À ranger ses affaires.
l. C'est en quelle matière ? → En tissu.

Tu comprends ? – Page 78
4 b 1. Vous devrez faire un feu rapidement pour vous chauffer, faire la cuisine et signaler votre présence aux secours (avions, hélicoptères…).
2. Vous devrez boire au minimum un litre d'eau douce par jour.
3. Si vous trouvez des coquillages sur la plage, mangez-les : ils vous apporteront de l'énergie.
4. Vous devrez faire une cabane avec des branches ; elle vous protègera de la pluie, du vent, du froid et du soleil. Construisez-la solidement, elle devra peut-être durer longtemps !
5. Vous pourrez manger des fruits sauvages, mais attention, choisissez-les soigneusement : certains sont toxiques !
6. Vous devrez être prudents, car il y aura certainement beaucoup d'animaux sauvages ; et ils peuvent être dangereux !

Mes mots – Page 79
8 b Vivre dangereusement, qu'est-ce que c'est amusant !
Partir à l'aventure, agir héroïquement.
S'approcher doucement, d'animaux menaçants
Qui bondissent rapidement et attaquent sauvagement.
Mais tout ça n'est qu'un rêve car je reste tranquillement
Assis avec mes livres ou devant mon écran !
J'suis un aventurier moderne évidemment,
Je préfère voyager dans mon appartement !

Fais le point 5 – Page 90
Compréhension orale
1 1. Les miens sont jaunes et bleu, j'adore leur couleur ! En plus, ils sont super performants, j'ai gagné plusieurs compétitions avec !

2. Celui-ci est en papier : c'est mon grand-père qui me l'a fait quand j'avais trois ans.
3. On me l'a offerte quand j'avais 5 ans mais je la conserve toujours car maintenant elle sert à mettre les médicaments quand je pars en voyage avec ma famille.
4. La mienne n'a que deux places et elle mesure seulement 10 cm. Je l'ai eue à Noël quand j'avais 4 ans.
5. J'en ai d'autres carrées, mais celles-ci, les rondes, ce sont mes préférées !

Étape 6 : Rêve ou réalité ?
Atelier langue – Page 96
1 a. Nous partirions sur le même bateau.
b. Tu prendras de belles photos.
c. Vous joueriez des percussions.
d. On ira en Polynésie.
e. Je faisais des projets.
f. Elles seraient sur une plage superbe.
g. Nous irons en finale.
h. Vous aidiez à construire une école.

Fais le point 6 – Page 106
Compréhension orale
1 1. Moi, je suis scientifique et j'aimerais aller dans des pays en voie de développement, en Afrique par exemple, et aider les habitants à construire des routes, des hôpitaux…
2. Mon rêve, ce serait d'être quelqu'un de connu dans le monde entier, mais je ne voudrais pas être acteur ou footballeur, mais plutôt un scientifique comme Albert Jacquard par exemple. Quelqu'un qui aide les autres grâce à sa profession.
3. Moi, j'aimerais faire le tour du monde, visiter l'Inde, l'Afrique… et connaître des gens, des cultures différentes, apprendre de nouvelles langues.
4. Moi, j'aimerais gagner beaucoup d'argent pour ne pas avoir à travailler. Mais ça c'est un rêve impossible.

Lexique

Le lexique répertorie les mots contenus dans les textes, documents et exercices. Le numéro qui figure à gauche du mot renvoie au numéro de l'étape où le mot apparaît pour la première fois. La traduction fournie est donc celle de l'acception de ce mot dans le contexte de son premier emploi. Certains mots « transparents » n'ont pas été répertoriés.

adj.	adjectif	loc.	locution	prép.	préposition	v. pron.	verbe pronominal
adv.	adverbe	n. f.	nom féminin	pron.	pronom	v. tr.	verbe transitif
conj.	conjonction	n. m.	nom masculin	v. imp.	verbe impersonnel		
interj.	interjection	plur.	pluriel	v. intr.	verbe intransitif		

Français	anglais	espagnol	allemand	portugais	grec
4 accompli(e), *adj.*	accomplished	acabado/a	vollendet, erfüllt	cumprido(a)	ολοκληρωμένος, -η, -ο
3 actuellement, *adv.*	currently	actualmente	derzeit	actualmente	τώρα
2 air (avoir l'), *v. tr.*	(to) seem	parecer	aussehen, scheinen	parecer	μοιάζω
5 allongé(e), *adj.*	long	alargado/a	lang, länglich	longo(a)	μακρύς, -ιά, ύ
4 amuser (s'), *v. tr. et v. pron.*	(to) have fun	divertir/se	sich amüsieren	divertir-se	διασκεδάζω
1 angoisse, *n. f.*	anguish	angustia	Angst	angústia	το άγχος, η αγωνία
2 apparemment, *adv.*	apparently	aparentemente	anscheinend	aparentemente	προφανώς
3 aspirateur, *n. m.*	vacuum cleaner	aspiradora	Staubsauger	aspirador	η ηλεκτρική σκούπα
3 assurer, *v. tr.*	(to) ensure	asegurar	versichern, sicherstellen	assegurar	διαβεβαιώνω, εξασφαλίζω
3 autant, *adv.*	as much	tan	so viel	tanto	τόσο
3 autour de, *prép.*	around	alrededor de	rund um	à volta de	γύρω από
3 autrefois, *adv.*	before	antaño	früher	antigamente	άλλοτε
2 avis, *n. m.*	opinion	opinión	Meinung	parecer	η γνώμη
B 0 bande *n. f.*	group	pandilla	Clique	grupo	η ομάδα
4 battant(e), *n.*	fighter	luchador/a	Draufgänger/in	lutador(a)	ραγδαίος, -α
2 bien que, *conj.*	even though	a pesar de que	obwohl	apesar de	παρόλο που
4 blague, *n. f.*	joke	chiste	Scherz	brincadeira	το ανέκδοτο, η πλάκα
4 blessé(e), *adj. et n.*	wounded	herido/a	verletzt, Verletzte/r	ferido(a)	τραυματισμένος, -η, -ο
2 bof, *interj.*	whatever	bah	naja	pfe	μπα! σκασίλα μου!
3 bois, *n. m.*	wood	madera	Holz	madeira	το ξύλο
4 bonheur, *n. m.*	happiness	felicidad	Glück	felicidade	ευτυχία
0 brochure, *n. f.*	brochure	folleto	Broschüre	brochura	φυλλάδιο
1 brouillon, *n. m.*	rough draft	borrador	Entwurf, Skizze	rascunho	το πρόχειρο
1 bruit, *n. m.*	noise	ruido	Lärm, Geräusch	barulho	ο θόρυβος
C 1 cabane, *n. f.*	hut	cabaña	Hütte	cabana	η καλύβα, η αποθήκη

Lexique

6 **canon**, *adj.*	awesome	genial	genial, umwerfend	fixe/bacana	τέλειος, -α, -ο
5 **célibataire**, *adj.*	single	soltero/a	ledig	solteiro(a)	άγαμος, -η, -ο
4 **certain(e)**, *adj.*	sure	cierto/a	sicher	certo(a)	κάποιος, -α, -ο, ορισμένος, -η,
4 **chair et en os (en)**, *loc.*	in the flesh	de carne y hueso	mit Haut und Haar	em carne e osso	σάρκα και οστά (με)
1 **championnat**, *n. m.*	championship	campeonato	Meisterschaft	campeonato	το πρωτάθλημα
4 **chance**, *n. f.*	luck	suerte	Glück	sorte	η τύχη, η πιθανότητα
2 **charmant(e)**, *adj.*	charming	encantador/a	Charmant, bezaubernd	encantador(a)	γοητευτικός, -η, -ο
2 **chef-d'œuvre**, *n. m.*	masterpiece	obra maestra	Meisterwerk	obra-prima	το αριστούργημα
2 **chouette**, *adj.*	great	guay	toll	fixe/bacana	τέλειος, -α, -ο
3 **citrouille**, *n. f.*	pumpkin	calabaza	Kürbis	abóbora	η κολοκύθα
4 **clown**, *n. m.*	clown	payaso	Clown	palhaço	ο κλόουν
3 **cogner**, *v. tr.*	(to) raise glasses/(to) toast	entrechocar	Zusammenstoßen, stoßen	brindar	τσουγκρίζω
4 **combat**, *n. m.*	fight	lucha	Kampf	combate	η μάχη, ο αγώνας
4 **comédien(ne)**, *n.*	actor/actress	actor, actriz	Schauspieler/in	comediante	ο/η ηθοποιός
5 **coquillage**, *n. m.*	seashell/seafood	concha/marisco	Muschel, Muschelschale	concha	το κοχύλι
3 **coup de fil**, *n. m.*	phone call	llamada telefónica	Anruf	telefonema	το τηλεφώνημα
1 **courant**, *n. m.*	current	corriente	Strömung	corrente	το ρεύμα
2 **crier**, *v. tr. et v. intr.*	(to) shout	gritar	schreien	gritar	φωνάζω
1 **croisière**, *n. f.*	cruise	crucero	Kreuzfahrt	cruzeiro	η κρουαζιέρα
1 **croissant**, *adj.*	growing	creciente	aufsteigend, zunehmend	crescente	αυξάνων, -ουσα, -ον
D 3 **d'ailleurs**, *adv.*	besides/moreover	en realidad	übrigens	aliás	εξάλλου, άλλωστε
6 **débarquer**, *v. intr.*	(to) disembark	desembarcar	an Land gehen, ankommen	desembarcar	ξεφορτώνω, αποβιβάζω
4 **débuts**, *n. m. pl.*	early days	debut	Anfänge	inícios	η αρχή της καριέρας
1 **décoder**, *v. tr.*	(to) decode	descodificar	entschlüsseln	descodificar	αποκωδικοποιώ, αποκρυπτογραφώ
1 **découragé(e) (être)**, *adj.*	discouraged	desanimado/a	entmutigt	desencorajado(a)	αποθαρρημένος, -η, -ο (είμαι)
0 **découverte (classe de)**, *n. f.*	schooltrip	actividad extra escolar	Klassenfahrt	aula de descoberta	τάξη ανακάλυψης
2 **déçu(e)**, *adj.*	disappointed	decepcionado/a	enttäuscht	decepcionado(a)	απογοητευμένος, , -η, -ο
0 **défi**, *n. m.*	challenge	reto	Herausforderung	desafio	η πρόκληση
6 **dégoûté(e)**, *adj.*	disgusted	harto/a, asqueado/a	angewidert	desiludido(a)	αηδιασμένος, -η, -ο, απογοητευμένος, , -η, -ο
2 **déguiser (se)**, *v. tr. et v. pron.*	(to) dress up as	disfrazar/se	sich verkleiden	disfarçar-se	μεταμφιέζομαι
1 **dehors de (en)**, *prép.*	outside of	fuera de	außerhalb, abgesehen von	fora	εκτός από
3 **dépassé(e)**, *adj.*	outmoded/old-fashioned	ya pasado/a	überholt	ultrapassado(a)	ξεπερασμένος, -η, -ο
4 **depuis**, *prép. et adv.*	since	desde, desde entonces/hace	seit, seitdem	desde	από
6 **désir**, *n. m.*	desire	deseo	Wunsch, Verlangen	desejo	η επιθυμία, ο πόθος
3 **développé(e)**, *adj.*	developed	desarrollado/a	entwickelt	desenvolvido(a)	ανεπτυγμένος, -η, -ο
2 **dieu**, *n. m.*	god	dios	Gott	deus	ο θεός

2	**dispute**, *n. f.*	argument	riña	Streit	disputa	η διαφωνία, η διένεξη
3	**dizaine**, *n. f.*	about ten	unos/as diez	etwa zehn, Zehner	dezena	η δεκάδα, η δεκαριά
6	**dommage**, *interj.*	That's too bad/ What a pity!	lástima	schade	é pena	κρίμα
1	**donc**, *conj.*	so	pues	also, folglich	portanto	λοιπόν
5	**doucement**, *adv.*	slowly	despacio	langsam	devagar	αργά
4	**doute**, *n. m.*	doubt	duda	Zweifel	dúvida	η αμφιβολία, ο δισταγμός
1	**durer**, *v. intr.*	(to) last	durar, tardar	dauern, andauern, versagen	durar	διαρκώ, κρατώ
1	**échouer (s')**, *v. intr. et v. pron.*	(to) run aground	encallar	stranden, auflaufen	encalhar	αποτυχαίνω, προσαράζω
3	**éclater**, *v. intr.*	(to) burst	estallar	platzen, zerspringen	estourar	Ξεσπώ, σκάζω, διασπώμαι
5	**écourter**, *v. tr.*	(to) shorten	acortar	abkürzen, verkürzen	encurtar	Συντομεύω
5	**écran**, *n. m.*	screen	pantalla	Bildschirm, Display	ecrã	Η οθόνη
4	**effacer**, *v. tr.*	(to) erase	borrar	löschen	apagar	Σβήνω, εξαλείφω
2	**effet (en)**, *adv.*	indeed	en efecto	tatsächlich, nämlich	com efeito	Πράγματι
2	**égal (ça m'est)**	it doesn't matter/ I don't mind	igual (me da)	egal (das ist mir)	(é-me) indiferente	Ίδιο (Το ίδιο μου κάνει)
6	**élevé(e)**, *adj.*	high	elevado/a	Hoch, erhoht	elevado(a)	Υψηλός, ή, ό,
2	**emmener**, *v. tr.*	(to) take someone	llevar	hinbringen, mitnehmen	trazer	συνοδεύω, μεταφέρω
3	**empoisonner**, *v. tr.*	(to) poison	envenenar	vergiften	envenenar	δηλητηριάζω
1	**emporter**, *v. tr.*	(to) take something	llevar, llevarse consigo	wegbringen, forttragen	levar	παίρνω, καταβάλλω
1	**endroit**, *n. m.*	place	lugar, sitio	Ort	lugar	ο τόπος, το σημείο
2	**énerver (s')**, *v. tr. et v. pron.*	(to) get annoyed	poner/se nervioso/a	sich aufregen	enervar-se	νευριάζω, εκνευρίζομαι
4	**engagé(e)**, *adj.*	committed	comprometido/a	engagiert	comprometido(a)	στρατευμένος, -η, -ο, εθελοντής, -ντρια
2	**ennui**, *n. m*	problem	problema	Problem, Schwierigkeit	problema	το πρόβλημα
1	**ennuyeux/euse**, *adj.*	annoying/worrying	aburrido/a	langweilig	aborrecido(a)	ανιαρός. -ή, -ό
3	**entourer**, *v. tr.*	(to) surround	rodear	umgeben, einkreisen	assinalar	περιβάλλω, περιτριγυρίζω
3	**envahir**, *v. tr.*	(to) invade	invadir	einfallen, erfassen	invadir	εισβάλλω, κυριεύω
2	**envie de (avoir)**, *v. intr.*	(to) want to	tener ganas de	Lust (haben) auf	ter vontade de	έχω όρεξη να
2	**environs**, *n. m. pl.*	surrounding area	alrededores	Umgebung, Umland	arredores	τα περίχωρα
3	**envoyer**, *v. tr.*	(to) send	mandar	senden	enviar	στέλνω, διαβιβάζω
1	**épreuve**, *n. f.*	sporting event	prueba	Probe, Wettkampf	prova	το αγώνισμα
1	**équipage**, *n. m.*	crew	tripulación	Besatzung, Mannschaft	tripulação	το πλήρωμα
0	**escalade**, *n. f.*	rock climbing	escalada	Ersteigung, Klettern	escalada	η αναρρίχηση, η κλιμάκωση
1	**escrime**, *n. f.*	fencing	esgrima	Fechten	esgrima	η ξιφασκία, η ξιφομαχία
4	**étonner**, *v. tr.*	(to) surprise	extrañar	erstaunen	espantar	εκπλήττω, καταπλήσσω
1	**événement**, *n. m.*	event	acontecimiento	Ereignis	acontecimento	το γεγονός, το συμβάν
6	**ex-aequo**, *adv.*	(to) be tied/equally placed	empatado/a	ex aequo	ex-aequo	σύμφωνα με το δίκαιο
3	**exagérer**, *v. intr. et v. tr.*	(to) exaggerate	pasarse, exagerar	übertreiben	exagerar	υπερβάλλω, μεγαλοποιώ

Lexique

	Français	English	Español	Deutsch	Português	Ελληνικά
5	exploit, *n. m.*	feat	hazaña	Erfolg, Glanzleistung	feito	το κατόρθωμα
1	expo/exposition, *n. f.*	exhibition	exposición	Ausstellung	exposição	η έκθεση
F 2	fâché(e), *adj.*	angry	enfadado/a	wütend, böse, sauer	irritado	εκνευρισμένος, -η, -ο
4	faible, *adj. et n.*	weak	débil	schwach	fraco	αδύναμος, -η, -ο, ασθενής, -ες
4	fait (en), *adv.*	actually	en realidad	nämlich, tatsächlich	de facto	πράγματι
5	fauteuil roulant, *n. m.*	wheelchair	silla de ruedas	Rollstuhl	cadeira de rodas	αναπηρικό καρότσι
6	féliciter, *v. tr.*	(to) congratulate	dar la enhorabuena	gratulieren	felicitar	συγχαίρω
4	fier/fière, *adj.*	proud	orgulloso/a	stolz	orgulhosos(a)	περήφανος, -η, -ο
2	figure, *n. f.*	face	cara, rostro	Gesicht	rosto	το πρόσωπο
1	flairer, *v. tr.*	(to) sniff out/smell	olfatear	wittern, riechen	adulado	οσφραίνομαι, μυρίζω
5	flatté(e), *adj.*	flattered	halagado/a	geschmeichelt	lisonjeado(a)	κολακευμένος, -η, -ο
0	fou/folle (de), *adj.*	crazy	loco/a (por)	verrückt nach	doido(a)	τρελός, -ή, -ό, για
4	fumée, *n. f.*	smoke	humo	Rauch	fumo	ο καπνός
G 2	galet, *n. m.*	pebble	canto rodado	Kieselstein, Rolle	pedra de rolo	το βότσαλο
6	gentillesse, *n. f.*	kindness	amabilidad	Freundlichkeit, Liebenswürdigkeit	bondade	η ευγένεια, η καλοσύνη
4	grâce à, *adv.*	thanks to	gracias a	dank	graças a	χάρη σε
3	graver, *v. tr.*	(to) engrave	grabar	gravieren, prägen	gravar	χαράσσω, γράφω
1	guerre, *n. f.*	war	guerra	Krieg	guerra	ο πόλεμος
H 3	habitude, *n. f.*	habit	costumbre	Gewohnheit	hábito	η συνήθεια
2	haut de (en), *prép.*	on top of	arriba de	oben	acima de	στην κορυφή του/ της
6	hélas, *interj.*	unfortunately	por desgracia	leiden, ach	infelizmente	αλίμονο!
4	heureux/euse, *adj.*	happy	feliz	glücklich	feliz	τυχερός, -ή, -ό, ευτυχής -ές
1	horreur de (avoir), *v. tr.*	(to) hate (something, etc.)	odiar	verabscheuen	detestar	τρέμω, φοβάμαι
2	hurler, *v. tr.*	(to) yell	chillar	brüllen, schreien	gritar	ουρλιάζω
I 3	il y a, *adv.*	ago/there is	hace, hay	Es gibt dort	há	πριν από/ υπάρχει
4	incendie, *n. m.*	fire	incendio	Brand	incêndio	η πυρκαγιά
0	inconnu(e), *adj.*	unknown	desconocido/a	unbekannt, fremd	desconhecido(a)	άγνωστος, -η, -ο
4	inégalité, *n. f.*	inequality	desigualdad	Ungleichheit	desigualdade	η ανισότητα
2	inoubliable, *adj.*	unforgettable	inolvidable	unvergesslich	inesquecível	αξέχαστος, -η, -ο
6	inquiétude, *n. f.*	worry	preocupación	Besorgnis, Beunruhigung	agreenção	η ανησυχία
5	intrigué(e), *adj.*	intrigued	intrigado/a	neugierig	intrigado(a)	που κεντρίζει την περιέργεια
4	inverser, *v. tr.*	(to) reverse	invertir	umkehren	inverter	αντιστρέφω, αναποδογυρίζω
4	investi(e), *adj.*	involved	involucrado/a	investiert, eingesetzt	aplicado(a)	Επενδεδυμένος, -η, -ο
J 1	jouer de (+ instrument), *v. tr.*	(to) play an instrument	tocar	spielen (ein Instrument)	tocar	παίζω (μουσικό όργανο)
4	jouer un rôle, *v. tr.*	(to) play a part	interpretar un papel, actuar	eine Rolle spielen	desempenhar um papel	παίζω (ρόλο)
3	jours (de nos),	nowadays	hoy en día	heutzutage	Nos nossos dias	Στις μέρες μας

6 **le/la pire,** *adj. et pron.*	the worst	el/la peor	der/die/das Schlimmste	o/a pior	ο χειρότερος, -η
3 **légèrement,** *adv.*	slightly/lightly	ligeramente	leicht	ligeiramente	ελαφρώς
6 **lendemain (le),** *n. m.*	the next day	el/al día siguiente	darauf folgende Tag	o dia seguinte	η επόμενη μέρα
1 **lever du jour,** *n. m.*	dawn/sunrise	amanecer	Tagesanbruch	alvorada	η ανατολή της ημέρας
4 **lieu de (au),** *loc.*	instead of	en vez de	anstatt, anstelle	em vez de	αντί
4 **logement,** *n. m.*	housing/accommodation	vivienda	Wohnung	alojamento	η κατοικία
4 **lutter,** *v. intr.*	(to) struggle/fight	luchar	kämpfen	lutar	παλεύω, αγωνίζομαι
2 **magie,** *n. f.*	magic	magia	Zauber, Magie	magia	η μαγεία
3 **maître,** *n. m.*	master	dueño	Herr	mestre	ο κύριος, το αφεντικό
3 **majorité,** *n. f.*	majority	mayoría	Mehrheit	maioria	η πλειοψηφία, η ενηλικίωση
5 **malheureusement,** *adv.*	unfortunately	desgraciadamente	unglücklicherweise	infelizmente	δυστυχώς
1 **manque,** *n. m.*	lack	falta	Mangel	falta	η έλλειψη
3 **meilleur(e)(s),** *adj. et pron.*	best	mejor(es)	beste/r	melhor(es)	ο καλύτερος, -η, -ο
2 **même,** *adv.*	even	incluso	sogar	mesmo	μάλιστα, ακόμα
5 **menaçant(e),** *adj.*	threatening	amenazador/a	bedrohlich	ameaçador(a)	απειλητικός, -ή, -ό
4 **mener,** *v. tr. et v. intr.*	(to) be ahead/(to) lead	llevar, ganar	führen	conseguir	κερδίζω
6 **mériter,** *v. tr.*	(to) deserve	merecer	verdienen	merecer	αξίζω, χρειάζομαι
6 **mettre en garde,** *v. tr.*	(to) warn	advertir, avisar	warnen	advertir	προειδοποιώ
3 **micro-trottoir,** *n. m.*	on-the-street interview	encuesta en la calle	Straßenumfrage	micro-passeio	ανεπίσημη δημοσκόπηση
3 **mieux,** *adv.*	better	mejor	besser	melhor	καλύτερα
2 **mignon(ne),** *adj.*	cute	mono/a	niedlich, herzig	querido(a)	χαριτωμένος, -η, -ο
2 **milliers,** *n. m. pl.*	thousands	millares, miles	Tausende	milhares	χιλιάδες
5 **mise en scène,** *n. f.*	stage direction	puesta en escena	Regie, Inszenierung	encenação	η σκηνοθεσία
4 **modeste,** *adj.*	humble	modesto/a	bescheiden	modesto(a)	ταπεινός, -ή, ό, μετριόφρων, -ον
2 **moins (au),** *adv.*	at least	al menos	zumindest	pelo menos	τουλάχιστον
3 **Moyen Âge,** *n. m.*	Middle Ages	Edad Media	Mittelalter	idade Média	ο Μεσαίωνας
2 **murmurer,** *v. tr.*	(to) murmur	decir en voz baja	flüstern, murren	murmurar	ψιθυρίζω, μουρμουρίζω
N 1 **naufrage (faire),** *v.*	(to) be (ship)wrecked	naufragar	Schiffbruch erleiden	naufragar	ναυαγώ
O o **observateur/trice,** *adj.*	observant	observador/a	beobachtend, aufmerksam	observador(a)	παρατηρητικός, -ή, -ό
3 **oiseau(x),** *n. m.*	birds	pájaro/s	Vogel/Vögel	pássaro(s)	το πουλί
6 **oser,** *v. tr.*	(to) dare	atreverse	wagen	ousar	τολμώ
2 **ouest de (à l'),** *prép.*	west of	al oeste de	westlich von	a oeste de	δυτικά από
1 **outre-mer (d'),** *adj.*	from abroad/overseas	ultramar	aus Übersee	ultramarino	υπερπόντιος, -α, -ο
4 **ouvrage,** *n. m.*	work	obra	Werk, Arbeit	obra	το έργο, η δουλειά
P 4 **pareil(le)(s),** *adj.*	same	igual(es)	gleich, solch	Igual(ais)	όμοιος, -α, -ο, ίδιος, -α, -ο
4 **part (à),** *adv.*	separate	aparte	beiseite, abgesehen von	à parte	κατά μέρος, ιδιαίτερα

Lexique

	French	English	Spanish	German	Portuguese	Greek
0	partager, v. tr.	(to) share	compartir	teilen	partilhar	μοιράζω, μοιράζομαι
1	partant(e) (être), adj.	interested (to be)	apuntarse	mitmachen, zustimmen	concordar	συμφωνώ
1	pas du tout, loc.	not at all	(para) nada, en absoluto	überhaupt nicht	de todo	καθόλου
1	pas mal de, loc. pas mal, interj.	quite a lot; not bad	bastante/s, guay	ziemlich viel/e, nicht schlecht	nada mal	πολύς, πολλή, πολύ/καθόλου άσχημο!
2	pêche, n. f.	fishing	pesca	Pfirsich, Fischfang	pêssego	το ροδάκινο
2	plaire, v. tr.	(to) be liked	gustar	gefallen	agradar	αρέσω
6	plateau de TV., n. m.	set (in a TV studio)	plató	Fernsehstudio	plateia de TV	πλατό τηλεόρασης
2	plein de, adv.	lots of	muchos/as	viel/e	cheio de	γεμάτος, -η, -ο με
1	plein(e), adj.	full	pleno/a	voll	cheio(a)	γεμάτος, -η, -ο
1	plongée sous-marine, n. f.	snorkeling	submarinismo	Tauchen	mergulho submarino	η κατάδυση
3	plupart (la), n. f.	most	la mayoría	Mehrheit, meisten	a maioria	περισσότερος, -η, -ο
3	plus, adv.	more	más	mehr	mais	περισσότερο, πιο
2	plusieurs, adj. et pron.	several	varios/as	mehrere	vários	μερικοί, -ές, -ά, κάμποσοι, -ες, -α
5	plutôt, adv.	rather	más bien	eher	antes	καλύτερα, μάλλον
3	poison, n. m.	poison	veneno	Gift	veneno	το δηλητήριο
6	porter malheur, v. tr.	(to) bring bad luck	dar mala suerte	Unglück bringen	dar azar	φέρνω γρουσουζιά
4	porter, v. tr.	carry	llevar (en brazos)	tragen	carregar	κρατώ, φορώ, μεταφέρω
4	pote, n. (fam)	friend/buddy/pal	amigo/a	Kumpel	amigo	ο φίλος, -η
4	pour, prép.	in favour of/for	a favor de, por, para	für	a favor de	υπέρ
2	pousser un soupir, v. tr.	(to) let out a sigh	suspirar	Seufzer ausstoßen	suspirar	αναστενάζω
2	près de, prép.	near	cerca de	bei, in der Nähe von	junto de	κοντά σε
4	prison, n. f.	prison/jail	cárcel	Gefängnis	prisão	η φυλακή
6	profiter de, v. tr.	(to) take advantage of	aprovecharse	profitieren, ausnutzen	aproveitar	επωφελούμαι
1	prudence, n. f.	prudence/caution	prudencia	Vorsicht	prudência	η προσοχή, η σύνεση
3	publié(e), adj.	published	publicado/a	veröffentlicht	publicado(a)	δημοσιευμένος, -η, -ο, τυπωμένος, -η, -ο
1	puis, adv.	then	luego, después	dann	de seguida	μετά, ύστερα
Q 5	quelconque(s), adj. et pron.	any/ordinary	cualquiera, cualesquiera	irgendein/e	qualquer(quaisquer) um(uns)	οποιοσδήποτε, οποια-, οποιο-
2	quelque part, adv.	somewhere	algun sitio	irgendwo	num lado qualquer	κάπου
2	quelques, adj.	a few	uno/as, alguno/as	einige	alguns	κάποιος, -α, -ο
2	queue, n. f.	line (in front of a store)	cola	Schlange	fila	η ουρά
R 2	raison de (en), adv.	due to	por, gracias a	wegen, aufgrund	devido a	λόγω
6	ramener, v. tr.	(to) bring back	traer	zurückbringen, heimbringen	trazer	επαναφέρω, αποκαθιστώ
0	randonnée, n. f.	hiking	senderismo	Wandern	passeio	ο περίπατος, η βόλτα
3	rapprocher, v. tr.	(to) get closer/bring together	acercar	nähern, vergleichen	aproximar	πλησιάζω, προσεγγίζω
5	ravi(e), adj.	delighted	encantado/a	erfreut, entzückt	encantado(a)	χαρούμενος, -η, -ο, ενθουσια- σμένος, -η, -ο
3	recherche, n. f.	search	investigación	Forschung, Untersuchung	investigação	η έρευνα

o	recommander, *v. tr.*	(to) recommend	recomendar	empfehlen	recomendar	συστήνω, συνιστώ
6	réfléchir, *v. tr.*	(to) think about	pensar	überlegen, nachdenken	reflectir	σκέφτομαι
1	refuser, *v. tr.*	(to) refuse	decir que no, negarse	verweigern, ablehnen	recusar	αρνούμαι, αποκλείω
3	régner, *v. intr.*	(to) reign	reinar	regieren, herrschen	reinar	βασιλεύω
o	relever (un défi), *v. pron.*	(to) take up (a challenge)	aceptar (un reto)	annehmen (eine Herausforderung)	enfrentar (um desafio)	δέχομαι (μία πρόκληση)
1	relever (un mot), *v. tr.*	(to) note (a word)	señalar (una palabra)	hervorheben (ein Wort)	anotar (uma palavra)	επισημαίνω, υπογραμμίζω (μία λέξη)
4	rempli(e), *adj.*	full	lleno/a	gefüllt	cheio(a)	γεμάτος, -η, -ο
3	remporter (la victoire), *v. tr.*	(to) win	ganar, llevarse la victoria	erringen (den Sieg)	ganhar	κατακτώ (τη νίκη)
1	renseignement, *n. m.*	information	información	Auskunft	informação	η πληροφορία
6	ressources, *n. f. pl.*	resources	recursos	Ressourcen, Geldmittel	recursos	οι πόροι, οι ικανότητες
5	rêve, *n. m.*	dream	sueño	Traum	sonho	το όνειρο
6	s'affronter, *v. pron.*	(to) clash/to confronte one another	enfrentarse	gegenüberstehen, konfrontieren	enfrentar	συναγωνίζομαι, συγκρούομαι
3	s'allier, *v. pron.*	(to) join forces	aliarse	sich verbünden	aliar-se	παντρεύομαι, συμμαχώ
4	s'engager, *v. pron.*	(to) commit oneself to	comprometerse	sich engagieren, verpflichten	empenhar-se	μπαίνω, αρχίζω, δεσμεύομαι
3	s'ennuyer, *v. pron.*	(to) be bored	aburrirse	sich langweilen	aborrecer-se	πλήττω, νοσταλγώ
6	s'évanouir, *v. pron.*	(to) faint	desmayarse	in Ohnmacht fallen	desmaiar	λιποθυμώ, εξαφανίζομαι
3	s'incliner, *v. pron.*	(to) bow/(to) admit defeat	inclinarse	sich beugen, verbeugen	inclinar-se	υποκύπτω, υποχωρώ
o	s'inscrire, *v. pron.*	(to) sign up	apuntarse	sich anmelden, registrieren	inscrever-se	εγγράφομαι, γράφομαι
3	s'investir, *v. pron.*	(to) dedicate oneself to	involucrarse, volcarse	sich einsetzen	empenhar-se	αφοσιώνομαι σε κάτι
1	sable, *n. m.*	sand	arena	Sand	areia	η άμμος
2	sage (être), *loc.*	(to) be good	portarse bien	artig, weise	ser bem comportado(a)	συνετός, -ή, -ό
o	saut à l'élastique, *n. m.*	bungee jumping	puenting	Bungeejumping	salto de elástico	το μπάντζι τζάμπινγκ
5	sceptique, *adj.*	sceptical	escéptico/a	skeptisch	céptico	σκεπτικός, -ή, -ό, σκεπτικιστικός, -ή, -ό,
6	score, *n. m.*	score	marcador, tanteo	Punktestand	resultado	το σκορ, το αποτέλεσμα
4	se battre pour, *v. pron.*	(to) fight for	luchar por, a favor de	kämpfen um	lutar por	μάχομαι για
4	se consacrer à, *v. pron.*	(to) dedicate oneself to	dedicarse	sich widmen	dedicar-se a	αφοσιώνομαι σε
o	se décourager, *v. pron.*	(to) get discouraged	desanimarse	verzagen, Mut verlieren	desencorajar-se	απογοητεύομαι, αποθαρρύνομαι
2	se développer, *v. pron.*	(to) develop one's skills	desarrollarse	sich entwickeln	desenvolver-se	αναπτύσσομαι, εξαπλώνομαι
2	se disputer, *v. pron.*	(to) argue	reñir	sich streiten	disputar	διεκδικώ, μαλώνω, διεξάγομαι
4	se passer, *v. pron.*	(to) happen	ocurrir	passieren, los sein	passar	συμβαίνω
3	se sentir, *v. pron.*	(to) feel	sentirse	sich fühlen	sentir-se	αισθάνομαι, νιώθω
6	se souvenir, *v. pron.*	(to) remember	recordar	sich erinnern	lembrar-se	θυμάμαι
5	se taire, *v. pron.*	(to) be quiet	callarse	schweigen	calar-se	σωπαίνω
5	secours, *n. m. pl.*	rescue teams	auxilio	Hilfe, Rettungsdienst	assistência	βοήθεια
2	sembler, *v. intr.*	(to) seem	parecer	scheinen	parecer	φαίνομαι
3	sévère, *adj.*	severe/strict	severo/a	streng	severo	αυστηρός, -ή, -ό, σοβαρός, -ή, -ό

Lexique

	French	English	Spanish	German	Portuguese	Greek
3	signé(e), *adj.*	signed	firmado/a	unterzeichnet	assinado(a)	υπογεγραμμένος, -η, -ο
2	sirène, *n. f.*	mermaid	sirena	Meerjungfrau	sereia	η σειρήνα
5	soigneusement, *adv.*	carefully	con cuidado	sorgfältig	cuidadosamente	επιμελώς
3	soirée, *n. f.*	evening	velada	Abend	serão/Entardecer	η βραδιά, το πάρτι
6	somme, *n. f.*	amount/sum	suma	Summe, Betrag	soma	το ποσό, το άθροισμα
4	soucieux/euse, *adj.*	worried	preocupado/a	besorgt	preocupado(a)	ανήσυχος, -η, -ο
1	soudain, *adv.*	suddenly	de repente	plötzlich	de repente	ξαφνικά
5	souffleur, *n. m.*	prompter	apuntador	Souffleur	ponto	ο υποβολέας θεάτρου
5	souffrance, *n. f.*	suffering	sufrimiento	Leiden	sofrimento	ο πόνος, η οδύνη
6	souhait, *n. m.*	wish	deseo	Wunsch	desejo	η ευχή
3	souligné(e), *adj.*	underlined	subrayado/a	unterstrichen	sublinhar	υπογραμμισμένος, -η, -ο
4	succès, *n. m.*	success	éxito	Erfolg	sucesso	η επιτυχία
2	sud de (au), *prép.*	south of	al sur de	südlich von	a sul de	νότια από
3	sujet, *n. m.*	subject	tema	Thema	assunto	το θέμα
2	superbe, *adj.*	wonderful	muy bonito/a	super	espectacular	υπέροχος, -η, -ο
3	surface, *n. f.*	surface	superficie	Oberfläche	superfície	η επιφάνεια
1	survenir, *v. intr.*	(to) happen	ocurrir, sobrevenir	plötzlich auftreten	acontecer	συμβαίνω
T 5	tellement,	so much	tan	derart, so	tão	τόσο
4	témoin, *n. m.*	witness	testigo	Zeuge	testemunha	ο μάρτυρας
1	tempête, *n. f.*	storm	tormenta	Sturm, Unwetter	tempestade	η καταιγίδα, η θύελλα
2	terrible, *adj.*	great	genial	toll, fantastisch - Schrellich	terrível	φοβερός, -ή, -ό
2	têtu(e), *adj.*	stubborn	cabezota	stur, starrköpfig	teimoso(a)	πεισματάρης, -α, -ικο
3	texto, *n. m.*	text	sms	SMS	texto	σύντομο γραπτό μήνυμα
3	tiers, *n. m.*	third party	tercera parte	Drittel, dritte Person	terceiro	ο τρίτος, το τρίτο
4	timide, adj.	shy	tímido/a	schüchtern	tímido(a)	ντροπαλός, -ή, -ό
6	toucher à sa fin, *v. tr.*	(to) come to an end	estar acabándose	sich dem Ende zuneigen	chegar ao fim	φτάνει στο τέλος του/της
2	toujours/ne... toujours, *adv.*	always/not...always	todavía/seguir sin	noch immer	ainda/ainda não	πάντα, ακόμα
1	tout à coup, *loc. adv.*	all of a sudden	de repente	plötzlich	de repente	ξαφνικά
4	trait, *n. m.*	feature	rasgo	Zug	traço	το χαρακτηριστικό
3	traverser, *v. tr.*	(to) cross	cruzar	überqueren	atravessar	διασχίζω, διαπερνώ
3	trinquer, *v. intr.*	(to) toast sth/sb	brindar	anstoßen, trinken auf	brindar	τσουγκρίζω
5	trottoir, *n. m.*	pavement	acera	Bürgersteig	passeio	το πεζοδρόμιο
U 4	une (faire la), *loc.*	front page (to be on the)	estar en primera página	Titelseite (auf der T. sein)	estar na primeira página	γίνομαι πρωτοσέλιδο
V 5	veuf/veuve, *n. et adj.*	widower/widow	viudo/a	Witwe/r	viúvo/viúva	ο χήρος, -α
4	vexé(e), *adj.*	irritated/upset/offended	molesto/a, picado/a	gekränkt, beleidigt	sentido(a)	Προσβεβλημένος, -η, -ο
5	virgule, *n. f.*	comma	coma	Komma	vírgula	το κόμμα (γραμματική)

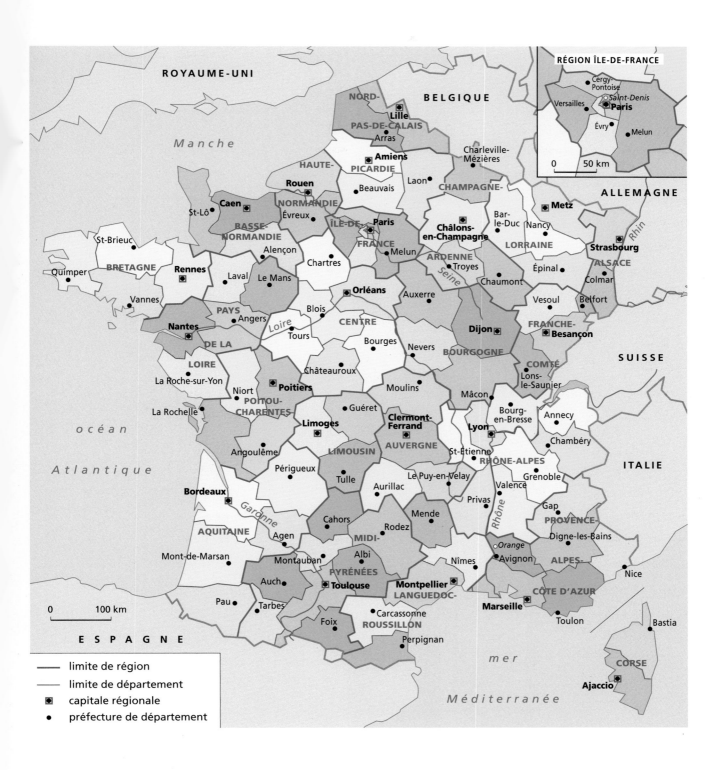

RÉGION ÎLE-DE-FRANCE

Cergy-Pontoise
Saint-Denis
Versailles
Paris
Évry
Melun

0   50 km

ROYAUME-UNI

BELGIQUE

ALLEMAGNE

Manche

NORD-PAS-DE-CALAIS
Lille
Arras
Amiens
PICARDIE
Charleville-Mézières
Laon
Beauvais

HAUTE-NORMANDIE
Rouen
St-Lô   **Caen**
Évreux
BASSE-NORMANDIE
Alençon
Chartres
ÎLE-DE-FRANCE
Paris
Melun
CHAMPAGNE-ARDENNE
Châlons-en-Champagne
Bar-le-Duc   Nancy
Troyes
Chaumont
LORRAINE
Metz
Strasbourg
Épinal
ALSACE
Colmar

Rhin

St-Brieuc
BRETAGNE
Rennes
Quimper
Vannes
Laval
Le Mans
PAYS DE LA LOIRE
Angers
Nantes
Blois
Tours
Loire
Orléans
CENTRE
Auxerre
Bourges
Nevers
Dijon
BOURGOGNE
Vesoul   Belfort
FRANCHE-COMTÉ
Besançon
Lons-le-Saunier

SUISSE

La Roche-sur-Yon
Niort
Poitiers
POITOU-CHARENTES
Châteauroux
Guéret
Moulins
Mâcon
Bourg-en-Bresse
Annecy

La Rochelle
océan
Atlantique
Angoulême
Limoges
LIMOUSIN
Clermont-Ferrand
AUVERGNE
St-Étienne
Lyon
RHÔNE-ALPES
Chambéry

Périgueux
Tulle
Aurillac
Le Puy-en-Velay
Grenoble
ITALIE

Bordeaux
Garonne
Cahors
Mende
Valence
Privas
Gap
PROVENCE-ALPES-CÔTE D'AZUR
Digne-les-Bains

AQUITAINE
Agen
Rodez
Orange
Rhône

Mont-de-Marsan
Montauban
Albi
MIDI-PYRÉNÉES
Nîmes
Avignon
Nice

Auch
Toulouse
Montpellier
Marseille
Toulon
Bastia

Pau   Tarbes
Foix
Carcassonne
LANGUEDOC-ROUSSILLON
CÔTE D'AZUR

ESPAGNE
Perpignan
mer
CORSE

Méditerranée
Ajaccio

0   100 km

—— limite de région
— limite de département
◉ capitale régionale
• préfecture de département

Achevé d'imprimer en Espagne par CAYFOSA
Dépôt légal 07/2013 - Collection 32 - Edition 04 15/5627/3